THÉORÈME VIVANT

CÉDRIC VILLANI

THÉORÈME VIVANT

Illustrations de Claude Gondard

BERNARD GRASSET
PARIS

Portrait de Catherine Ribeiro : © APIS.
Portrait de Gribouille : © photo de Jean-Pierre Leloir.
« Le marin et la rose », paroles de Jean Huard/musique de Claude Pingault :
© 1960, Les Éditions Transatlantiques.
Extrait de l'*Oiseau soleil* in *Des choses fragiles*, Neil Gaiman,
traduction de Michel Pagel : © Le Diable Vauvert, 2009.

Photo de Bande : © Hervé Thouroude, prise dans l'Atelier
d'Expérimentation Musicale de Patrice Moullet

ISBN : 978-2-246-79882-8

On me demande souvent à quoi ressemble la vie d'un chercheur, d'un mathématicien, de quoi est fait notre quotidien, comment s'écrit notre œuvre. C'est à cette question que le présent ouvrage tente de répondre.

Le récit suit la genèse d'une avancée mathématique, depuis le moment où l'on décide de se lancer dans l'aventure, jusqu'à celui où l'article annonçant le nouveau résultat – le nouveau *théorème* – est accepté pour publication dans une revue internationale.

Entre ces deux instants, la quête des chercheurs, loin de suivre une trajectoire rectiligne, s'inscrit dans un long chemin tout en rebonds et en méandres, comme il arrive souvent dans la vie.

Mis à part quelques aménagements insignifiants liés aux besoins de la présentation, tout dans le récit est conforme à la réalité, ou du moins tel que je l'ai ressenti.

Quelques longs passages en anglais sont traduits à la fin de l'ouvrage.

Merci à Olivier Nora pour avoir suscité ce projet à l'occasion d'une rencontre impromptue ; merci à Claire pour ses relectures attentives et ses suggestions ; merci à Claude pour ses belles illustrations ; merci à Ariane Fasquelle et à l'équipe de Grasset pour la qualité de leur écoute et de leur travail éditorial ; merci enfin à Clément pour une collaboration inoubliable, sans laquelle le sujet de ce livre ne serait pas.

Lecteurs et lectrices sont les bienvenus pour me faire part de leurs questions ou commentaires par voie électronique.

Cédric Villani
Paris, décembre 2011

CHAPITRE 1

Lyon, le 23 mars 2008

Un dimanche à 13 heures ; le laboratoire serait désert, s'il n'y avait deux mathématiciens affairés. Un rendez-vous intime pour une séance de travail au calme, dans le bureau que j'occupe depuis huit ans au troisième étage de l'École normale supérieure de Lyon.

Assis dans un fauteuil confortable, je tapote énergiquement sur le large bureau, les doigts déployés telles les pattes d'une araignée, comme mon professeur de piano m'y a entraîné jadis.

À ma gauche, sur une table séparée, une station de travail informatique. À ma droite, une armoire contenant quelques centaines de livres qui parlent de mathématique et de physique. Derrière moi, soigneusement rangés sur de longues étagères, des milliers et des milliers de pages d'articles, photocopiés à une époque ancestrale où les revues scientifiques n'étaient pas encore électroniques ; et des reproductions de nombreux ouvrages de recherche, photocopillés à une époque où mon salaire ne me permettait pas d'étancher ma soif de livres. Il y a aussi un bon mètre linéaire de brouillons, méticuleusement archivés durant de longues années ; et tout autant de notes manuscrites, témoins d'innombrables heures passées à écouter des exposés de recherche. Sur le bureau devant moi,

Gaspard, mon ordinateur portable, baptisé en l'honneur de Gaspard Monge, le grand mathématicien révolutionnaire ; et une pile de feuilles couvertes de symboles mathématiques, griffonnées aux huit coins du monde et rassemblées pour l'occasion.

Mon complice, Clément Mouhot, regard pétillant et marqueur à la main, se tient près du grand tableau blanc qui occupe tout le mur en face de moi.

— Alors explique, pourquoi tu m'as fait venir, c'est quoi ton projet ? Tu n'as pas trop donné de détails dans ton mail...

— Je me remets à mon vieux démon, évidemment c'est très ambitieux, c'est la régularité pour Boltzmann inhomogène.

— Régularité conditionnelle ? Tu veux dire, modulo des bornes de régularité minimales ?

— Non, inconditionnelle.

— Carrément ! Pas dans un cadre perturbatif ? Tu crois qu'on est prêts ?

— Oui, je m'y suis remis, j'ai à peu près bien avancé, j'ai des idées, mais là je suis bloqué. J'ai décomposé la difficulté avec plusieurs modèles réduits, mais même le plus simple m'échappe. Je croyais l'avoir avec un argument de principe de maximum, et là non, tout s'est écroulé. J'ai besoin d'en parler.

— Vas-y, je t'écoute.

Je parle longuement : le résultat que j'ai en tête, mes tentatives, les différents morceaux que je n'arrive pas à enchaîner les uns aux autres, et le puzzle logique qui ne se met pas en place, l'équation de Boltzmann qui demeure rebelle.

L'équation de Boltzmann, la plus belle équation du monde, comme je l'ai dit à un journaliste ! Je suis tombé dedans quand j'étais petit, c'est-à-dire pendant ma thèse, et j'en ai étudié tous les aspects. On trouve de tout dans l'équation de Boltzmann : la physique statistique, la flèche du temps, la mécanique des fluides, la théorie des probabilités, la théorie de l'information, l'analyse de Fourier... Certains disent que personne au monde ne connaît mieux que moi le monde mathématique engendré par cette équation.

Il y a sept ans, j'ai initié Clément à cet univers mystérieux, quand il a commencé sa thèse sous ma direction. Clément a appris avec avidité, il est certainement le seul à avoir lu tous mes travaux sur l'équation de Boltzmann ; maintenant il est un chercheur respecté, autonome, brillant et enthousiaste.

Il y a sept ans je lui ai mis le pied à l'étrier, aujourd'hui c'est moi qui ai besoin de lui. Je suis sur un problème trop difficile, tout seul je n'y arriverai pas ; au minimum il faut que je puisse raconter mes efforts à quelqu'un qui connaît la théorie sur le bout des doigts.

— Supposons que les collisions rasantes sont bien présentes, d'accord ? un modèle sans cut-off. Alors l'équation se comporte comme une diffusion fractionnaire, dégénérée bien sûr, mais quand même une diffusion, et dès qu'on a des bornes sur la densité et la température, on peut se lancer dans un schéma itératif à la Moser, adapté pour tenir compte de la non-localité.

— Schéma de Moser ? Hmmm... Attends, je vais prendre des notes.

— Oui, un schéma façon Moser. La clé c'est que l'opérateur de Boltzmann... cet opérateur c'est vrai qu'il est bilinéaire, il est non local, mais quand même, moralement il est sous forme divergence, c'est ça qui fait marcher le schéma de Moser. Tu fais un changement de fonction non linéaire, tu grimpes en puissance... Et en fait il faut un peu plus que la température, il y a la matrice des moments d'ordre 2 qu'il faut contrôler. Mais quand même l'essentiel c'est la positivité.

— Attends, pas si vite, pourquoi la température suffit pas ?

J'explique longuement ; on discute, on conteste. Le tableau se retrouve inondé de symboles mathématiques, Clément veut en savoir plus sur la positivité. Comment montrer la positivité stricte sans borne de régularité ? Est-ce possible ?

— C'est pas si choquant, quand tu y penses, les collisions produisent des bornes inférieures, le transport dans un domaine confinant aussi, ça va dans le bon sens ; les deux effets devraient se renforcer, à moins d'avoir vraiment pas de chance. Dans le temps Bernt avait essayé, il avait planté. Bon, il y en a un paquet qui ont essayé, sans succès, mais ça reste plausible.

— T'es sûr que le transport va rendre positif sans régularité ? Pourtant, sans collisions, tu transportes la valeur de la densité, ça ne devient pas plus positif...

— Oui mais quand on moyenne en vitesse ça renforce la positivité... un peu comme les lemmes de moyennes cinétiques, mais là c'est pas de la régularité, c'est de la positivité. C'est vrai que personne l'a tellement étudié sous cet angle. Ça me rappelle... tiens, il y a deux ans, à Princeton, un postdoc chinois m'a posé une question un peu dans ce genre. Tu prends une équation de transport, disons dans le tore, tu supposes zéro régularité, tu veux montrer que la densité spatiale devient strictement positive. Sans régularité ! Il savait le faire pour le transport libre, ou pour un truc plus général en temps petit, mais en temps plus grand il était coincé... À l'époque j'avais transmis sa question à d'autres, mais j'ai pas obtenu de réponse convaincante.

— Alors attends, déjà, comment tu fais avec le bête transport libre ?

Transport libre, c'est le jargon pour désigner un gaz idéal dans lequel les particules n'interagissent pas. Un modèle tellement simplifié qu'il n'est guère réaliste, pourtant il est souvent riche d'enseignements.

— Boh, avec la solution explicite, ça doit le faire, attends, on va essayer de retrouver.

Nous nous mettons à chercher, chacun de notre côté, pour retrouver le raisonnement qu'avait dû faire Dong Li. Ce n'est pas un résultat majeur, plutôt un petit exercice. Mais peut-être, comprendre la solution de ce petit exercice va nous mettre sur la voie pour résoudre la grande énigme. Et puis c'est comme un jeu ! Au bout de quelques minutes de griffonnage silencieux, c'est moi qui gagne.

— Je crois que je l'ai.

Je passe au tableau pour exposer la solution, comme dans une séance d'exercices corrigés.

— On décompose la solution selon les répliques du tore... on change de variables dans chaque morceau... il y a un jacobien qui sort, tu utilises la régularité Lipschitz... et finalement tu trouves une convergence en $1/t$ (« un sur t »). C'est lent mais ça sonne bien.

— Quoi, alors, t'as pas de régularisation... la convergence est obtenue par moyenne... moyenne...

Clément réfléchit à voix haute devant mon calcul. Soudain il s'illumine, tout excité, agitant l'index en direction du tableau :

— Mais alors il faudrait voir si ça peut pas aider pour le damping Landau !

Je suis bluffé. Trois secondes de silence. Vague sentiment de quelque chose d'important.

Je demande des explications, Clément se trouble, s'affaire, m'explique que cette preuve lui rappelle une discussion qu'il a eue il y a trois ans de cela avec un autre chercheur d'origine chinoise, Yan Guo, à Providence, sur la côte est des États-Unis.

— Dans l'amortissement Landau on cherche une relaxation pour une équation réversible...

— Oui oui, je sais, mais l'interaction ne joue pas de rôle ? On est pas sur du Vlasov, là, c'est juste le transport libre !

— Peut-être que l'interaction doit jouer un rôle, oui, et puis... elle devrait être exponentielle, la convergence. Tu crois que $1/t$ est optimal ?

— Ça sonne bien, non ?

— Mais si la régularité était plus forte ? Ça serait pas mieux ?

— Hmrmrm.

Je grogne. Mélange de doute et de concentration, d'intérêt et de frustration.

Après quelques instants de silence, regards fixes et lèvres serrées, l'échange reprend... Pour passionnant qu'il soit, le mythique (et mystique ?) amortissement Landau n'a rien à voir avec notre projet de recherche initial ; au bout de quelques minutes on passe à autre chose. La discussion continue longuement. De fil en aiguille, on voyage à travers les questions mathématiques. On prend des notes, on argumente, on s'indigne, on apprend, on prépare un plan d'attaque. Quand on se sépare, l'amortissement Landau est tout de même sur la longue liste des devoirs à faire à la maison.

*

L'équation de Boltzmann,

$$\frac{\partial f}{\partial t} + v \cdot \nabla_x f = \int_{\mathbb{R}^3} \int_{\mathbb{S}^2} |v - v_*| \Big[f(v') f(v'_*) - f(v) \, f(v_*) \Big] dv_* d\sigma,$$

découverte aux alentours de 1870, modélise l'évolution d'un gaz raréfié, fait de milliards de milliards de particules, qui se cognent les unes contre les autres ; on représente la distribution statistique des positions et vitesses de ces particules par une fonction $f(t, x, v)$, qui au temps t indique la densité de particules dont la position est (environ) x et dont la vitesse est (environ) v.

Ludwig Boltzmann découvrit la notion statistique d'entropie, ou désordre, d'un gaz :

$$S = - \iint f \log f \, dx \, dv;$$

en utilisant son équation, il démontra qu'à partir d'un état initial fixé arbitrairement l'entropie ne pouvait qu'augmenter au cours du temps, jamais diminuer. En termes imagés, le gaz livré à lui-même devient, spontanément, de plus en plus désordonné, et cette évolution est irréversible.

Avec la croissance de l'entropie, Boltzmann retrouvait une loi découverte expérimentalement quelques décennies plus tôt et connue sous le nom de second principe de la thermodynamique ; mais il y ajoutait plusieurs contributions conceptuelles exceptionnelles. D'abord il remplaçait une loi empirique, observée expérimentalement et érigée en principe, par une démonstration argumentée ; ensuite il introduisait une interprétation mathématique, extraordinairement féconde, de la mystérieuse entropie ; et enfin il réconciliait la physique microscopique – imprévisible, chaotique et réversible – avec une physique macroscopique prévisible et irréversible. Ces contributions valent à Boltzmann une place de choix au panthéon de la physique théorique, ainsi que l'attention toujours renouvelée des philosophes et épistémologues.

Boltzmann définit ensuite l'état d'équilibre d'un système statistique comme un état d'entropie maximale, fondant ainsi le champ immense de la physique statistique à l'équilibre · c'est l'état le plus désordonné qui est le plus naturel.

Le jeune Boltzmann conquérant fit place peu à peu à un vieil homme tourmenté, qui se suicida en 1906. Son traité de théorie des gaz, toujours d'actualité, apparaît avec le recul comme l'un des plus importants ouvrages scientifiques du dix-neuvième siècle. Mais ses prédictions, confirmées par l'expérience, sont toujours en attente d'une théorie mathématique complète ; une des pièces manquantes dans le puzzle est l'étude de la régularité des solutions de l'équation de Boltzmann. Malgré ce mystère persistant, ou peut-être en partie grâce à lui, l'équation de Boltzmann est maintenant l'objet d'une théorie florissante ; elle occupe une communauté *internationale de mathématiciens, physiciens et ingénieurs, qui se réunissent par centaines dans les colloques* Rarefied Gas Dynamics *et dans bien d'autres occasions.*

Ludwig Boltzmann

CHAPITRE 2

Lyon, mars 2008

L'amortissement Landau !

Après notre rendez-vous de travail, des souvenirs confus me reviennent en tête : bribes de conversation, discussions inachevées... Tous les physiciens spécialistes des plasmas sont familiers de l'amortissement Landau, mais pour les mathématiciens ce phénomène reste un mystère.

En décembre 2006, je me trouvais à Oberwolfach, dans un institut légendaire perdu au cœur de la Forêt-Noire, une retraite où les mathématiciens vont et viennent dans un ballet incessant pour parler des sujets les plus divers. Portes sans serrures, boissons en libre accès, petites caisses en bois où l'on dépose l'argent, gâteaux à profusion, tables auxquelles les convives doivent s'asseoir à une place déterminée par tirage au sort.

Ce jour-là à Oberwolfach, le sort m'avait placé à la même table que Robert Glassey et Eric Carlen, deux spécialistes américains de théorie mathématique des gaz. La veille j'avais fièrement présenté à l'ouverture du colloque une moisson de résultats nouveaux ; et le matin même, Eric nous avait servi un exposé enthousiaste et débordant d'idées, dont nous continuions à parler autour de la soupe fumante. Tout cela mis bout à bout faisait un peu trop pour Robert, qui se sentait vieux et dépassé et soupirait : « Time to retire »...

17

Eric s'était récrié : pourquoi la retraite, alors qu'il n'y a jamais eu d'époque aussi excitante pour la théorie des gaz ! Et moi aussi je m'étais récrié : pourquoi la retraite, alors que nous avons tellement besoin de l'expérience acquise par Robert en trente-cinq ans de carrière !

— Robert, tell me about the mysterious Landau damping effect, can you explain, is it for real ?

Weird, *strange* étaient les mots qui étaient revenus dans la réponse de Robert. Oui, Maslov a travaillé dessus ; oui, il y a le paradoxe de la réversibilité qui semble incompatible avec l'amortissement Landau ; non, ce n'est pas clair. Eric avait suggéré que cet amortissement était une chimère sortie de l'imagination fertile des physiciens, sans espoir de formulation mathématique. Moi je n'en avais guère retiré d'informations, et j'avais archivé cette conversation dans un coin de mon cerveau.

Maintenant nous sommes en 2008, je n'en sais pas plus qu'en 2006. Mais Clément, lui, a eu l'occasion d'en discuter longuement avec Yan Guo, le « petit frère » scientifique de Robert – ils ont eu le même directeur de thèse. Le fond du problème, disait Yan, c'est que Landau n'a pas travaillé sur le modèle originel, mais sur un modèle simplifié, *linéarisé*. Personne ne sait si ses travaux s'appliquent aussi au « vrai » modèle non linéaire. Yan est fasciné par ce problème, et il n'est pas le seul.

Yan Guo

On pourrait s'y attaquer, Clément et moi ? Pourquoi pas. Mais pour résoudre le problème, il faut d'abord savoir exactement quelle est la question ! En recherche mathématique, identifier clairement l'objectif est un premier pas crucial, et délicat.

Et quel que soit cet objectif, la seule chose dont nous sommes sûrs, c'est le point de départ : l'équation de Vlasov

$$\frac{\partial f}{\partial t} + v \cdot \nabla_x f - \left(\nabla W * \int f \, dv \right) \cdot \nabla_v f = 0,$$

qui détermine, avec une excellente précision, les propriétés statistiques des plasmas. Le mathématicien, comme la pauvre Dame de Shalott des légendes arthuriennes, ne peut regarder le monde directement, mais seulement à travers son reflet, mathématique en l'occurrence. C'est donc dans le monde des idées mathématiques, régi par la seule logique, que nous devrons traquer Landau...

Ni Clément ni moi n'avons jamais travaillé sur cette équation. Mais les équations sont à tout le monde, et nous allons retrousser nos manches.

*

Lev Davidovich Landau, Juif russe né en 1908, Prix Nobel en 1962, est l'un des plus grands physiciens du vingtième siècle. Persécuté par le régime soviétique, libéré de prison grâce au dévouement de ses collègues, il fut aussi un tyran de la physique théorique de son époque, et l'auteur avec Evgeny Lifshitz d'un cours magistral qui fait encore référence. Ses contributions fondamentales sont présentes dans tous les ouvrages de physique des plasmas : d'abord l'équation de Landau, petite sœur de l'équation de Boltzmann que j'ai étudiée pendant des années au cours de ma thèse ; et puis le célèbre amortissement Landau, qui suggère une stabilisation spontanée des plasmas, un retour vers l'équilibre sans augmentation d'entropie, à l'opposé des mécanismes qui régissent l'équation de Boltzmann.

Physique des gaz, physique de Boltzmann : l'entropie aug-
mente, l'information se perd, la flèche du temps est à l'œuvre,
on oublie l'état initial ; peu à peu la distribution statistique
s'approche d'un état d'entropie maximale, aussi désordonné
que possible.

Physique des plasmas, physique de Vlasov : l'entropie est
constante, l'information se conserve, pas de flèche du temps,
on se souvient toujours de l'état initial ; pas d'augmentation
du désordre et aucune raison de s'approcher de quoi que ce
soit en particulier.

Mais Landau a repris l'étude de Vlasov – ce Vlasov qu'il
méprise et dont il n'hésite pas à affirmer que presque toutes
les contributions sont fausses – et il a suggéré que les forces
électriques s'atténuent spontanément au cours du temps, sans
qu'il y ait augmentation d'entropie ni frottements de quelque
nature que ce soit. Une hérésie ?

Le calcul mathématique de Landau, complexe et ingé-
nieux, a convaincu la communauté scientifique, qui a donné
à ce phénomène le nom d'amortissement Landau. Non sans
que des voix incrédules s'élèvent, bien sûr.

Lev Landau

CHAPITRE 3

Lyon, le 2 avril 2008

La table basse installée dans le couloir est couverte de brouillons, et le tableau noir est envahi de petits dessins. Par la grande baie vitrée on aperçoit une sorte de gigantesque araignée noire cubiste haute sur pattes, le fameux laboratoire lyonnais P4 où l'on fait des expériences sur les virus les plus dangereux du monde.

Mon invité, Freddy Bouchet, range ses brouillons et les fourre dans sa sacoche. Pendant une bonne heure, on a discuté de ses recherches, de simulations numériques sur les galaxies, et de la mystérieuse faculté qu'ont les étoiles de s'organiser spontanément dans des configurations stables.

Freddy Bouchet

Cette stabilisation n'est pas inscrite dans la loi de la gravitation universelle, découverte par Newton il y a 343 ans. Pourtant, quand on observe une nuée d'étoiles régies par cette loi de la gravitation, il semble bien que l'ensemble se stabilise après un temps assez grand. On l'observe bien dans de nombreux calculs effectués sur des ordinateurs puissants...

Alors, à partir de la loi de la gravitation universelle, peut-on *déduire* cette propriété de stabilisation ?

L'astrophysicien Lynden-Bell, qui y croyait dur comme... comme un astéroïde ferrique, baptisa ce phénomène *relaxation violente*. La belle oxymore !

— La relaxation violente, Cédric, c'est comme l'amortissement Landau. Sauf que l'amortissement Landau c'est en régime perturbatif, et la relaxation violente en régime fortement non linéaire.

Freddy a une double formation de mathématicien et de physicien, il a consacré une partie de sa vie à des problèmes comme celui-ci. Parmi les questions fondamentales qu'il a étudiées, il y en a une dont il est venu plus particulièrement m'entretenir aujourd'hui.

— Cédric, tu vois, quand on modélise les galaxies, bien sûr on remplace les étoiles, petits points dans l'univers, par un fluide, comme un gaz d'étoiles. On passe du discret au continu. Mais quelle est l'amplitude de l'erreur commise lors de cette approximation ? Comment est-ce que ça dépend du nombre d'étoiles ? Dans un gaz, il y a un milliard de milliards de particules, dans une galaxie il y en a seulement cent milliards. Est-ce que ça change beaucoup les choses ?

Mon interlocuteur a longuement discuté, questionné, montré des résultats, tracé des dessins, noté des références. On a évoqué le lien entre ses recherches et l'un de mes chevaux de bataille, la théorie du transport optimal, fondée par Monge. L'échange a été profitable et Freddy est satisfait. Pour ma part, je suis tout excité d'avoir vu l'amortissement Landau surgir à nouveau, quelques jours seulement après ma discussion avec Clément.

Pendant que Freddy prend congé et s'éloigne, mon voisin de bureau, qui jusque-là s'affairait en silence à classer des papiers, intervient. Ses longs cheveux gris, soigneusement coupés au carré, lui donnent un air gentiment contestataire.

— Cédric, tu sais, je voulais trop rien dire, mais les figures, là, sur le tableau, je les connaissais.

Conférencier plénier au dernier Congrès International des Mathématiciens, membre de l'Académie des sciences, souvent présenté – et sans doute à juste titre – comme « le meilleur conférencier du monde » en mathématique, Étienne Ghys est une institution à lui tout seul. Provincial militant, il s'est consacré depuis vingt ans à développer le laboratoire de mathématique de l'ENS Lyon, qu'il a contribué plus que tout autre à transformer en l'un des meilleurs centres de géométrie du monde. Aussi bougon que charismatique, Étienne a toujours son mot à dire sur tous les sujets.

Étienne Ghys

— Les figures qu'on a tracées avec Freddy, tu les connais ?

— Oui, celle-ci on la retrouve dans la théorie K.A.M. Et puis celle-ci aussi, je l'ai déjà vue...

— Tu as une bonne référence ?

— Oui, ben K.A.M. tu sais ça se trouve un peu partout : tu pars d'un système dynamique complètement intégrable, quasipériodique, tu perturbes un peu, il y a un problème de petits diviseurs qui détruit certaines trajectoires sur le long terme, mais tu as quand même la stabilité en probabilité.

— Oui, je connais, mais les figures ?

— Attends, je vais te trouver un bon livre là-dessus. Mais il y a plein de figures qu'on trouve dans les livres de cosmologie, qu'on a l'habitude de voir en théorie des systèmes dynamiques.

Très intéressant. Je vais me renseigner. Est-ce que ça va m'aider à comprendre ce qui est caché derrière la stabilisation ?

C'est ce que j'apprécie par-dessus tout, dans mon laboratoire si petit et si performant, la façon dont les sujets se mélangent dans les conversations, entre chercheurs d'horizons mathématiques divers, autour d'une machine à café ou dans les couloirs, sans craindre les barrières thématiques. Tant de nouvelles pistes à explorer !

Je n'ai pas la patience d'attendre qu'Étienne retrouve une référence pour moi dans sa vaste collection, alors je récupère ce que je peux dans ma propre bibliothèque : un traité d'Alinhac et Gérard, sur la méthode de Nash–Moser. J'ai déjà potassé cet ouvrage il y a quelques années, et je sais que la méthode de Nash–Moser est l'un des piliers de la théorie de Kolmogorov–Arnold–Moser, dite K.A.M., dont a parlé Étienne. Je sais aussi que derrière Nash–Moser il y a l'extraordinaire schéma d'approximation de Newton, ce schéma qui converge avec une vitesse inimaginable, en exponentielle d'exponentielle, et que Kolmogorov a su exploiter de manière si inventive !

Franchement je ne vois aucun lien entre toutes ces belles choses et mon problème d'amortissement Landau. Mais peut-être que l'intuition d'Étienne est la bonne ? Trêve de rêvasseries, je fourre le livre dans mon sac à dos déjà si lourd, et je file pour retrouver mes enfants à la sortie de l'école.

À peine dans le métro, je sors un manga de la poche de ma veste, et pendant un court et précieux instant, le monde extérieur disparaît pour laisser place à un univers empli de chirurgiens surnaturellement habiles au visage rapiécé, de yakuzas endurcis donnant leur vie pour leurs petites filles aux grands yeux de biche, de monstres cruels se changeant soudain en héros tragiques, de petits garçons aux boucles blondes se transformant peu à peu en monstres cruels. Un monde sceptique et tendre, passionné et désabusé, sans préjugé ni manichéisme, qui dégouline d'émotion, frappe au cœur et fait perler les larmes aux yeux du lecteur prêt à jouer le jeu de l'ingénu.

Station Hôtel de Ville, il est temps de sortir. Le temps du trajet, le conte a coulé dans mon cerveau et dans mes veines comme un petit torrent d'encre et de papier, je suis nettoyé de l'intérieur.

Toutes les pensées mathématiques se sont aussi mises en mode pause. Mangas et mathématiques ne se mélangent pas. Peut-être plus tard, dans les rêves ? Et si Landau, après le terrible accident qui aurait dû lui coûter la vie, avait été opéré par Black Jack ? Sûr que le sulfureux chirurgien l'aurait pleinement ressuscité, et que Landau aurait pu reprendre son œuvre de surhomme.

Tiens, je n'ai plus repensé à la remarque d'Étienne et à cette histoire de théorie de Kolmogorov–Arnold–Moser. Kolmogorov et Landau... quel rapport ? Alors que je pose le pied hors du métro, le mystère recommence à tourner dans mon cerveau. S'il y a un lien, je le trouverai.

En fait, à cette époque je n'ai pas de moyen de deviner qu'il me faudra plus d'un an avant de le trouver, ce lien. Ni de comprendre l'ironie invraisemblable : la figure qui a fait réagir Étienne, qui lui a fait penser à Kolmogorov, c'était la figure qui illustrait une situation où le lien avec Kolmogorov est brisé.

Ce jour-là, Étienne a eu une bonne intuition, pour une mauvaise raison. Un peu comme si Darwin avait deviné l'évolution des espèces en comparant les chauves-souris et les ptérodactyles, convaincu à tort d'un lien étroit entre les deux.

Dix jours après le tour inattendu pris par ma séance de travail avec Clément, c'est la deuxième coïncidence miraculeuse qui surgit fort à propos sur mon chemin.

Encore faut-il l'exploiter.

*

« Ce physicien russe, comment s'appelle-t-il ? On l'a relevé mort après un accident de voiture comme moi. Il était médicalement mort. J'ai lu le récit de ce cas extraordinaire. La science soviétique a mobilisé toutes ses ressources pour sauver un chercheur irremplaçable. On a même fait appel à des médecins étrangers. On a ranimé ce mort. Pendant des semaines les plus grands chirurgiens du monde se sont relayés à son chevet. Quatre fois l'homme est mort. Quatre fois on lui a insufflé une vie artificielle, j'ai oublié les détails mais je me souviens que la lecture était fascinante de cette lutte contre une inadmissible fatalité. Sa tombe était ouverte, on l'en a arraché de force. Il a repris son poste à l'université de Moscou. »

Paul Guimard, Les Choses de la vie

*

La loi de la gravitation universelle de Newton énonce que deux corps quelconques s'attirent avec une force proportionnelle au produit de leurs masses, et inversement proportionnelle au carré de leur éloignement :

$$F = \frac{\mathcal{G}\, M_1\, M_2}{r^2}.$$

Cette loi de gravitation classique rend bien compte du mouvement des étoiles dans les galaxies. Mais même si la loi de Newton est simple, le nombre immense d'étoiles dans une galaxie rend la théorie difficile. Après tout, ce n'est pas parce que l'on comprend le fonctionnement de chaque atome pris séparément que l'on comprend le fonctionnement d'un être humain...

Quelques années après la loi de la gravitation, Newton faisait une autre découverte extraordinaire : le schéma d'approximation de Newton, qui permet de calculer les solutions d'une équation quelconque

$$F(x) = 0.$$

Partant d'une solution approchée x_0, on remplace la fonction F par sa tangente T_{x_0} au point $(x_0, F(x_0))$ (en termes techniques, on linéarise l'équation autour de x_0) et on résout l'équation approchée $T_{x_0}(x) = 0$. Cela donne une nouvelle solution approchée x_1, et on peut recommencer : on remplace F par sa tangente T_{x_1} en x_1, on définit x_2 comme la solution de $T_{x_1}(x_2) = 0$, et ainsi de suite. En notation mathématique précise, la relation qui lie x_n à x_{n+1} est

$$x_{n+1} = x_n - \left[DF(x_n)\right]^{-1} F(x_n).$$

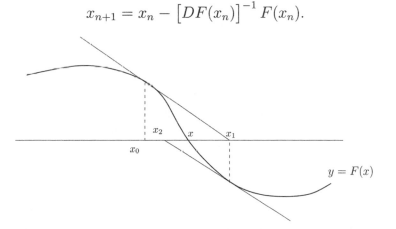

Les approximations successives x_1, x_2, x_3, ... ainsi obtenues sont incroyablement bonnes : elles s'approchent de la « vraie » solution avec une rapidité phénoménale. Il suffit souvent de quatre ou cinq essais pour obtenir une précision supérieure à celle de n'importe quelle calculatrice moderne. Les Babyloniens, dit-on, utilisaient déjà cette méthode pour extraire les racines carrées il y a quatre mille ans ; Newton

découvrit que ce procédé s'appliquait à des équations quelconques, pas seulement au calcul des racines carrées.

Bien plus tard, la convergence surnaturellement rapide du schéma de Newton a été utilisée pour démontrer certains des résultats théoriques les plus marquants du vingtième siècle : le théorème de stabilité de Kolmogorov, le théorème de plongement isométrique de Nash... À lui seul, ce schéma diabolique transcende la distinction artificielle entre mathématique pure et mathématique appliquée.

Isaac Newton

*

Le mathématicien russe Andreï Kolmogorov est une figure de légende dans l'histoire des sciences du vingtième siècle. C'est lui qui fonde la théorie moderne des probabilités, dans les années 1930. Sa théorie de la turbulence des fluides, élaborée en 1941, fait toujours référence, que ce soit pour la corroborer ou pour l'attaquer. Sa théorie de la complexité préfigure le développement de l'intelligence artificielle.

En 1954, au Congrès International des Mathématiciens, il propose un énoncé stupéfiant. Alors que Poincaré a convaincu ses pairs, voici 70 ans déjà, que le système solaire présente une instabilité intrinsèque – qu'une incertitude sur la position des planètes, si minime soit-elle, rend impossible toute prédiction de la position de ces planètes dans un futur lointain –, Kolmogorov argumente, en mariant avec une audace stupéfiante les probabilités et les équations déterministes de la mécanique, que le système solaire est probablement stable.

Le théorème de Kolmogorov montre que si l'on part d'un système mécanique exactement soluble (le système solaire tel que l'imaginait Kepler, avec des planètes tournant sagement et pour toujours autour du Soleil, selon des orbites elliptiques immuables) et qu'on le perturbe un tout petit peu (en tenant compte des forces d'attraction gravitationnelles entre planètes, que Kepler négligeait), alors le système ainsi obtenu reste stable pour la grande majorité des conditions initiales.

Le style elliptique de Kolmogorov et la complexité de son argument font douter ses contemporains. Avec des approches différentes, le Russe Vladimir Arnold et le Suisse Jürgen Moser parviennent à reconstituer des preuves complètes, le premier de l'énoncé originel de Kolmogorov, le second d'une variante plus générale. C'est la naissance de la théorie K.A.M., qui a donné naissance à quelques-unes des plus puissantes et surprenantes pages de la mécanique classique.

Andreï Kolmogorov

La beauté singulière de cette théorie a emporté l'adhésion des scientifiques, et pendant trois décennies on croira à un système solaire stable, même si les conditions techniques exigées par la théorie de Kolmogorov ne sont pas exactement remplies dans la réalité. Il faudra attendre les travaux de Jacques Laskar à la fin des années 1980 pour que l'opinion se retourne encore. Mais ceci est une autre histoire.

CHAPITRE 4

L'audience retient son souffle, le professeur donne le signal, et tous les enfants font danser leur archet sur les cordes. Méthode Suzuki oblige, les parents assistent à la leçon collective. De toute façon, dans ce grand chalet entièrement occupé par le stage de musique, que faire d'autre ?

Les parents répriment les grimaces quand les notes se font trop grinçantes. Ceux qui ont accepté hier de se ridiculiser en jouant des instruments de leurs enfants, pour le plus grand plaisir de ces derniers, savent combien il est difficile de sortir un son juste de ces instruments diaboliques ! Et puis, aujourd'hui il y a une vraie belle ambiance de travail dans la bonne humeur, les enfants sont heureux.

Méthode Suzuki ou pas, ce qui compte par-dessus tout, c'est le don pédagogique du professeur, et celui qui enseigne le violoncelle à mon fils est tout simplement extraordinaire.

Assis dans les premiers rangs, je dévore *Galactic Dynamics*, le best-seller de Binney & Tremaine, avec l'enthousiasme d'un petit enfant découvrant un nouveau monde. Je n'aurais pas cru que l'équation de Vlasov était si importante en astrophysique. Boltzmann est toujours la plus belle équation du monde, mais Vlasov c'est pas si mal !

Non seulement l'équation de Vlasov gagne en prestige dans ma tête, mais également les étoiles gagnent en attrait.

Les galaxies spiralées, les amas globulaires, tout ça, je trouvais assez joli, oui oui, pas mal... Mais maintenant que j'ai une clé mathématique pour y pénétrer c'est tout bonnement passionnant.

Depuis notre séance de travail avec Clément, j'ai refait les calculs, je commence à avoir mes idées. Je marmonne.

— Comprends pas, ils disent que l'amortissement Landau c'est très différent du mélange des phases... Mais moi je pense que c'est pareil, au fond. Hrmrmrm.

Petit coup d'œil aux chères têtes blondes. Tout va bien.

— Hmmm, il est pas mal ce calcul. Et c'est quoi cette note de bas de page... Ce qui compte dans l'équation linéarisée ce n'est pas l'analyse spectrale, c'est la solution du problème de Cauchy. Ben oui. C'est du bon sens ! J'ai toujours pensé ça. Alors comment ils font ça... Hmmm. Transformée de Fourier. Décidément, cette bonne vieille analyse de Fourier, on n'a jamais rien fait de mieux. Transformée de Laplace, relation de dispersion...

J'apprends vite, je m'immerge, j'assimile, comme un enfant qui s'imprégnerait d'une langue étrangère. J'apprends sans prétention, humblement, des notions de base que les physiciens connaissent depuis un demi-siècle.

Et la nuit venue, assis en tailleur dans les combles, je me change les idées en dévorant le dernier recueil de nouvelles de Neil Gaiman, *Fragile Things* – tout chaud, pas encore traduit. C'est un devoir que nous avons de nous raconter des histoires les uns aux autres, dit Neil. Il a raison. Histoire d'une improvisation géniale à la contrebasse. Histoire d'une très vieille dame se remémorant ses amours passées. Histoire du phénix toujours ressuscité et toujours cuisiné comme un plat gourmand.

Quand je vais me coucher, je reste éveillé un bon moment. Impossible d'allumer la lumière : toute la famille dort dans une seule pièce. Alors mon cerveau bat la campagne. Les très vieilles galaxies fragiles improvisent une histoire à la Gaiman, le problème mathématique ressuscite encore et toujours, pour être cuisiné par les chercheurs. Les étoiles poussent dans mon cerveau. Quel est le théorème que je voudrais démontrer, au juste ?

*

'Crawcrustle', said Jackie Newhouse, aflame, 'answer me truly. How long have you been eating the Phoenix ?'

'A little over ten thousand years', said Zebediah. 'Give or take a few thousand. It's not hard, once you master the trick of it ; it's just mastering the trick of it that's hard. But this is the best Phoenix I've ever prepared. Or do I mean, "This is the best I've ever cooked this Phoenix" ?'

'The years !' said Virginia Boote. 'They are burning off you !'

'They do that', admitted Zebediah. 'You've got to get used to the heat, though, before you eat it. Otherwise you can just burn away.'

'Why did I not remember this ?' said Augustus TwoFeathers McCoy, through the bright flames that surrounded him. 'Why did I not remember that this was how my father went, and his father before him, that each of them went to Heliopolis to eat the Phoenix ? And why do I only remember it now ?'

'Shall we burn away to nothing ?' asked Virginia, now incandescent. 'Or shall we burn back to childhood and burn back to ghosts and angels and then come forward again ? It does not matter. Oh, Crusty, this is all such fun !'

Neil Gaiman, Fragile Things

*

L'analyse de Fourier consiste en l'étude des vibrations élémentaires des signaux. Supposons que l'on souhaite analyser un signal quelconque, une quantité qui varie à mesure que le temps passe : par exemple, le son est fait de légères variations de pression atmosphérique. Au lieu de s'intéresser directement aux variations complexes de ce signal, Joseph Fourier, scientifique et homme politique du début du dix-neuvième siècle, eut l'idée de le décomposer en une combinaison de signaux élémentaires, dont chacun varie de manière très simple et répétitive : les sinusoïdes (et leurs frères jumeaux, les cosinusoïdes).

Joseph Fourier

Chaque sinusoïde est caractérisée par l'amplitude et la fréquence de ses variations ; dans la décomposition de Fourier, les amplitudes nous renseignent sur l'importance relative des fréquences correspondantes dans le signal étudié.

Ainsi les sons qui nous entourent sont faits de la superposition d'une multitude de fréquences. La vibration à 440 battements par seconde est un la, qui sera perçu avec d'autant plus de puissance que son amplitude est forte. À 880 battements par seconde, on entendra un la de l'octave au-dessus. Si l'on multiplie la fréquence par 3, on passera à la quinte, c'est-à-dire au mi ; et ainsi de suite. Mais en pratique les sons ne sont jamais purs, ils sont toujours faits de la concomitance de très nombreuses fréquences qui en déterminent le timbre ; pour préparer ma maîtrise, j'ai étudié tout cela dans un passionnant cours intitulé « Musique et Mathématique ».

Et l'analyse de Fourier sert à tout : à analyser les sons et à les graver sur un CD, mais aussi à analyser les images et à les transmettre par Internet, ou à analyser les variations du niveau de la mer et à prédire les marées...

Victor Hugo se moquait de Joseph Fourier, « petit » préfet de l'Isère, pariant que sa gloire d'académicien et d'homme politique fanerait au soleil. Il lui opposait l'homme politique Charles Fourier, « le grand Fourier », qui passerait à la postérité pour ses idées sociales.

Je ne suis pas sûr que Charles Fourier a goûté le compliment. Les socialistes se méfiaient de Hugo, qui était certes le plus grand écrivain de son époque, mais avait aussi un lourd passé de girouette politique, tour à tour monarchiste, bonapartiste, orléaniste, légitimiste, avant que l'exil le rendît républicain.

Et ce qui est sûr, c'est que – avec tout le respect dû à l'écrivain surdoué dont j'ai dévoré les œuvres quand j'étais enfant – l'influence de Joseph Fourier est maintenant bien plus importante que celle de Hugo lui-même ; son « grand poème mathématique » (comme disait Lord Kelvin), enseigné dans tous les pays du monde, est utilisé chaque jour par des milliards d'humains qui ne s'en rendent même pas compte.

*

Brouillon du 19 avril 2008

Pour obtenir des formules on va être amené à prendre des transformées dans les trois variables x, v et t. On notera

$$\widehat{g}(k) = \int e^{-2i\pi x \cdot k} g(x)\, dx \qquad (k \in \mathbb{Z}^d)$$

$$\widetilde{g}(k, \eta) = \int e^{-2i\pi x \cdot k}\, e^{-2i\pi v \cdot \eta} g(x, v)\, dv\, dx \quad (k \in \mathbb{Z}^d, \eta \in \mathbb{R}^d).$$

Enfin on notera

$$(\mathcal{L}g)(\lambda) = \int_0^\infty e^{\lambda t} g(t)\, dt$$

(transformée de Laplace).

Jusqu'à nouvel ordre on fixe $k \in \mathbb{Z}^d$.

35

En prenant la transformée de Fourier en x de l'équation de Vlasov on trouve

$$\frac{\partial \widehat{f}}{\partial t} + 2i\pi(v \cdot k)\widehat{f} = 2i\pi(k\widehat{W}\widehat{\rho}) \cdot \nabla_v f_0(v).$$

Par la formule de Duhamel on en déduit

$$\widehat{f}(t,k,v) = e^{-2i\pi(v\cdot k)t}\widehat{f_i}(k,v)$$

$$+ \int_0^t e^{-2i\pi(v\cdot k)(t-\tau)}\, 2i\pi\widehat{W}(k)\widehat{\rho}(\tau,k)\, k \cdot \nabla_v f_0(v)\, dv.$$

En intégrant en v on trouve

$$\widehat{\rho}(t,k) = \int \widehat{f}(t,k,v)\, dv$$

$$= \int e^{-2i\pi(v\cdot k)t}\widehat{f_i}(k,v)\, dv + \int_0^t 2i\pi\widehat{W}(k)$$

$$\times \left(\int e^{-2i\pi(v\cdot k)(t-\tau)}\, k \cdot \nabla_v f_0(v)\, dv \right) \widehat{\rho}(\tau,k)\, d\tau.$$

(Justification de l'intégration en v à faire... mais on peut toujours supposer au départ que la donnée est en support compact en vitesses, puis approcher ? ou tronquer...)

Le premier terme du membre de droite n'est autre que $\tilde{f_i}(k, kt)$ (c'est la même astuce déjà utilisée pour l'homogénéisation du transport libre...).

Sous des hypothèses faibles sur f_0 on peut écrire, pour tout $s \in \mathbb{R}$,

$$\int e^{-2i\pi(v\cdot k)s}k \cdot \nabla f_0(v)\, dv = +2i\pi|k|^2 s \int e^{-2i\pi(v\cdot k)s}\, f_0(v)\, dv$$

$$= 2i\pi|k|^2 s\tilde{f_0}(ks).$$

Donc

$$\widehat{\rho}(t,k) = \tilde{f_i}(k,kt) - 4\pi^2\widehat{W}(k)\int_0^t |k|^2(t-\tau)\tilde{f_0}(k(t-\tau))\widehat{\rho}(\tau,k)\, d\tau.$$

Posons

$$p_0(\eta) = 4\pi^2 |\eta| \tilde{f}_0(\eta).$$

(Je ne suis pas sûr que ce soit une bonne idée de mettre le 4π à cet endroit...) Dans certains cas (comme f_0 maxwellienne), p_0 est positive ; mais en général il n'y a pas de raison. On note que p_0 est à décroissance rapide si $f_0 \in W^{\infty,1}(\mathbb{R}^d)$; à décroissance exponentielle si f_0 est analytique, etc. On obtient finalement

$$\hat{\rho}(t, k) = \tilde{f}_i(k, kt) - \widehat{W}(k) \int_0^t p_0(k(t - \tau)) \, \hat{\rho}(\tau, k) \, |k| \, d\tau.$$

En prenant la transformée de Laplace en $\lambda \in \mathbb{R}$ on obtient, à condition que tout soit bien défini,

$$(\mathcal{L}\hat{\rho})(\lambda, k) = \int_0^\infty e^{\lambda t} \tilde{f}_i(k, kt) \, dt - \widehat{W}(k)$$
$$\times \left(\int_0^\infty e^{\lambda t} p_0(kt) |k| \, dt \right) (\mathcal{L}\hat{\rho})(\lambda, k);$$

d'où l'on tire

$$(\mathcal{L}\hat{\rho})(\lambda, k) = \frac{\displaystyle \int_0^\infty e^{\lambda t} \tilde{f}_i(k, kt) \, dt}{1 + \widehat{W}(k) \, Z\left(\dfrac{\lambda}{|k|}\right)},$$

où

$$Z(\lambda) = \int_0^\infty e^{\lambda t} p_0(te) \, dt, \qquad |e| = 1.$$

CHAPITRE 5

Kyoto, le 2 août 2008

Le bruissement assourdissant des cigales a cessé, mais dans la résidence étudiante internationale Shugaku-in, la chaleur étouffante continue jusqu'au cœur de la nuit.

Pendant la journée j'ai conclu une série de cours destinés aux participants du colloque, des chercheurs et étudiants venus d'une quinzaine de pays différents. Le cours a été bien accueilli. J'ai commencé à l'heure prévue – à une minute près – et j'ai fini à l'heure prévue – à une minute près. Dans ce pays il n'est pas question de prendre des libertés avec l'horaire, je me dois d'être aussi ponctuel que le ferry qui m'a amené à Hokkaido la semaine dernière.

Le soir, de retour à la résidence, j'ai raconté à mes enfants la suite des aventures de Korako, le petit corbeau japonais qui se trouve un jour abandonné par ses parents et part pour un long périple à travers la France et l'Égypte, dans des cirques et des marchés arabes, à la recherche d'un code secret, aux côtés de son très jeune maître Arthur. Une histoire à rallonges, improvisée, une « histoire imaginaire », comme dit ma fille, c'est ce qu'elle préfère, et c'est aussi le plus palpitant pour le conteur.

Maintenant les enfants dorment, et pour une fois je n'ai pas tardé à suivre leur bon exemple. Après l'histoire imaginaire de mathématique que j'ai servie aux jeunes chercheurs en herbe, et l'histoire imaginaire de corbeaux que j'ai inventée pour mes enfants, j'ai bien gagné le droit de me raconter une histoire imaginaire à moi-même : mon cerveau s'est lancé dans un rêve invraisemblable.

L'histoire s'emballe et je me réveille en sursaut, il est un peu plus de 5 h 30. Passé la fraction de seconde bénie où l'on se demande sur quel continent on reprend ses esprits, j'entreprends de noter sur mon ordinateur les fragments qui restent du rêve, avant que les brumes mentales matinales ne les dispersent. La complexité et la confusion du rêve me mettent de bonne humeur, je les prends comme un signe de bonne santé de mon cerveau. Mes rêves ne sont pas aussi échevelés que ceux que David B. a représentés en bande dessinée, mais ils sont assez tortueux pour me remplir d'aise.

Depuis quelques mois j'ai mis l'amortissement Landau en réserve. Je n'ai pas avancé dans une quelconque démonstration, mais j'ai franchi un cap : maintenant je sais ce que je veux démontrer. *Montrer qu'une solution de l'équation de Vlasov non linéaire, périodique en espace, proche d'un équilibre stable, évolue spontanément vers un autre équilibre.* C'est un énoncé abstrait mais bien ancré dans la réalité, dans une thématique d'une importance pratique et théorique considérable ; un problème simple à énoncer mais probablement difficile à démontrer ; une question originale sur un modèle bien connu. Tout cela me plaît beaucoup : je garde le problème dans un coin de mon cerveau, je le reprendrai à la rentrée de septembre.

Au-delà de la réponse à la question (vrai ou faux), j'espère bien que la preuve sera riche d'enseignements ! En mathématique, c'est comme dans un roman policier ou un épisode de *Columbo* : le raisonnement par lequel le détective confond l'assassin est au moins aussi important que la solution du mystère elle-même.

En attendant, je cultive d'autres amours : j'ajoute un appendice à un mémoire rédigé deux ans auparavant ; je progresse dans un travail qui mélange équations cinétiques et géométrie riemannienne. Entre les *estimées de positivité locales pour des équations hypoelliptiques* et l'*équation de Fokker–Planck cinétique en géométrie riemannienne*, j'ai de quoi occuper mes longues soirées japonaises.

OPTIMAL TRANSPORT AND GEOMETRY

Kyoto, 28 July - 1 August 2008

Cédric Villani

ENS Lyon
& Institut Universitaire de France
& JSPS

Plan of the course (5 chapters)
- Basic theory
- The Wasserstein space
- Isoperimetric/Sobolev inequalities
- Concentration of measure
- Stability of a 4th order curvature condition

Most of the time statements, sometimes elements of proof

Gromov–Hausdorff stability of dual Kantorovich pb

- $(\mathcal{X}_k, d_k) \xrightarrow[k\to\infty]{GH} (\mathcal{X}, d)$ via ε_k-isometries $f_k : \mathcal{X}_k \to \mathcal{X}$
- $c_k(x, y) = d_k(x, y)^2/2$ on $\mathcal{X}_k \times \mathcal{X}_k$
- $\mu_k, \nu_k \in P(\mathcal{X}_k)$ $(f_k)_{\#}\mu_k \xrightarrow[k\to\infty]{} \mu,\ (f_k)_{\#}\nu_k \xrightarrow[k\to\infty]{} \nu$
- $\psi_k : \mathcal{X}_k \to \mathbb{R}$ c_k-convex, $\psi_k^{c_k}(y) = \inf_x[\psi_k(x) + c_k(x, y)]$, achieving sup $\left\{ \int \psi_k^{c_k}\, d\nu_k - \int \psi_k\, d\mu_k \right\}$

Then up to extr. $\exists\, a_k \in \mathbb{R}$ s.t. $(\psi_k - a_k) \circ f'_k \xrightarrow[k \to \infty]{} \psi$,

$$\psi\ c\text{-convex achieving sup} \left\{ \int \psi^c \, d\nu - \int \psi \, d\mu \right\}.$$

Moreover $\forall x \in \mathcal{X}$, $\displaystyle\limsup_{k \to \infty} f_k\Big(\partial_{c_k}\psi_k(f'_k(x))\Big) \subset \partial_c\psi(x)$.

*

Korako (extrait du synopsis écrit a posteriori)

Quand vient le moment, Korako envoie une boule puante dans l'abri, encore un tour qu'il a gardé de ses années de cirque. L'odeur devient terrible et les gardiens se sentent mal, et alors Hamad et Tchitchoun s'occupent de remplir les bouches d'aération de sable.

C'est l'hallali : les fils arrachés, l'abri se détruit, Hamad assomme tout le monde... (Longue description apocalyptique.) Le père d'Arthur est retrouvé, et également son compagnon d'infortune. On l'avait enlevé pour le faire parler sur un document confidentiel : un papyrus ancien contenant un secret pour faire revivre les momies. Son collègue était égyptologue comme lui, spécialiste d'hiéroglyphes.

Les bandits sont tous prisonniers, on les emmène chez Le Fou, on leur explique qu'on va les tuer et les torturer s'ils n'avouent pas qui est leur chef. Les interrogatoires s'enchaînent. Korako est mal à l'aise en voyant la façon dont le père d'Arthur réagit. D'autant qu'il semble se sentir bien ici, il connaît les lieux comme s'il y avait déjà vécu. Korako décide d'assister en cachette à un interrogatoire et en revient avec une grande surprise : Le Fou et le père d'Arthur se connaissaient déjà. Le lendemain il va voir Arthur et lui annonce l'inquiétante nouvelle.

*

Rêve du 2 août 2008 (notes)

Je fais partie à la fois d'un film historique et d'une famille régnante. Dans le rêve une partie historique, en même temps film, en même temps je participe à l'histoire, plusieurs niveaux simultanés de narration. Mais vraiment le prince n'a pas de chance. On ne cesse de l'embêter. La foule, la presse, beaucoup de pression. Le roi = père de la princesse manigance, des histoires d'argent et de fils dissimulé. Les libertés ne sont pas bien garanties. Je peste contre *Le Monde* en commentant leur première page. Ils ont encore fait des bêtises sur le plan politique. Mais un grand souci international est lié à l'augmentation du prix des matières premières, les pays nordiques, dont une part importante des revenus est liée au transport, souffrent, particulièrement l'Islande ou le Groenland. En tout cas pas d'amélioration en vue. Je commente sur les possibilités d'aller par exemple à Paris ou en tout cas rencontrer des sportifs célèbres, ce sont eux les vraies célébrités. Je tape dans le dos des hologrammes représentant mes enfants... Mais un suicide collectif est décidé. L'heure venue, je me demande si tout le monde est bien là. Pas Vincent Beffara, qui jouait le rôle d'un des enfants. Mais maintenant il ne correspond plus très bien au rôle, le tournage a duré longtemps et Vincent a grandi ; à la place on utilise deux fois le même acteur, pour la fin de son rôle il n'a pas grand-chose à dire, un enfant fait bien l'affaire. Je suis très ému, on va déclencher l'opération. Je contemple des tableaux et des affiches sur les murs, il est question de la persécution de certains ordres de religieuses il y a bien longtemps, elles se dénouaient les cheveux avant d'aller à la mort, et cela même pour deux ordres distincts, alors que selon les croyances seules celles qui relevaient d'un certain ordre mouraient dans le même statut, seules celles-ci auraient dû dénouer leurs cheveux. Il y a aussi un tableau appelé *Éloge de la dissidence* ou quelque chose comme ça. On y voit des sortes de monstres/policiers happer des manifestants qui étaient aussi vaguement contestataires. Je fais un dernier bisou à Claire, nous sommes très émus. On approche de 5 h du matin, toute la famille est réunie, il va falloir appeler un service du genre voirie, contrefaire une voix, expliquer qu'on a besoin d'explosifs et qu'ils peuvent en envoyer ici ; quand ils parleront de précautions ou quelque chose, on dira (en anglais) : merci, je sors de l'asile psychiatrique (sous-entendu : je suis dangereux avec ces explosifs), le gars comprendra que c'est une blague et enverra tout, alors tout va exploser. Tout est prévu pour 5 h 30. Je me demande si je vais en fait continuer ma vie dans une réalité alternative, essayer une autre direction, ou renaître en bébé, me retrouver dans les limbes pendant des années avant que ma conscience ne ré-émerge... Je suis assez anxieux. Réveil à 5 h 35 (heure réelle !)

CHAPITRE 6

Lyon, automne 2008

Et les jours et les nuits
    passèrent
        en compagnie du Problème.

Dans mon cinquième étage sans ascenseur, à mon bureau, dans mon lit...

Dans mon fauteuil, soir après soir, thé après thé après thé, explorant pistes et sous-pistes, notant méticuleusement tous les possibles, éliminant au fur et à mesure les voies sans issue.

Un jour d'octobre, une mathématicienne coréenne, ancienne élève de Yan Guo, m'a envoyé un manuscrit sur l'amortissement Landau, pour possible publication dans une revue dont je suis éditeur : « *On the existence of exponentially decreasing solutions of the nonlinear Landau damping problem* ».

Un instant, j'ai cru qu'elle et son collaborateur avaient démontré le résultat qui me tient tant à cœur : ils construisent des solutions de l'équation de Vlasov qui relaxent spontanément vers un équilibre ! J'ai aussitôt écrit à l'éditeur en chef que j'étais en conflit d'intérêts et ne pouvais gérer ce manuscrit.

Mais en y regardant de plus près, j'ai compris qu'ils étaient loin du compte : ils prouvaient seulement l'existence de certaines solutions amorties ; or ce qu'il faudrait montrer, c'est que toutes le sont ! Si l'on sait seulement que certaines solutions sont amorties, on ne sait jamais si l'on va tomber sur l'une d'entre elles... et puis un article de deux Italiens, publié dix ans auparavant, démontrait un résultat déjà assez proche, ils ne semblent pas avoir connaissance de ce travail antérieur.

Non, le Problème n'a pas été craqué. Cela aurait été décevant, d'ailleurs, si cela avait été si simple ! Un article d'une trentaine de pages, de bon niveau, mais sans difficulté majeure. Au fond de moi, je suis convaincu que la solution requiert des outils complètement nouveaux, et doit nous apporter aussi un regard neuf sur le problème.

— Il me faut une nouvelle norme.

Une norme, en jargon mathématique, c'est une règle que l'on se donne pour mesurer la taille d'une quantité qui nous intéresse. Si vous comparez la pluviométrie à Brest et à Bordeaux, faut-il comparer les précipitations maximales sur une journée, ou bien intégrer sur toute l'année ? Si l'on compare le maximum, c'est la norme du sup, répondant au doux nom de norme L^∞. Si l'on compare les quantités intégrées, c'est une autre norme, qui se fait appeler L^1. Et il y en a tant d'autres.

Pour prétendre au label de « norme », il faut vérifier certaines propriétés ; par exemple, la norme d'une somme de deux termes doit être inférieure ou égale à la somme des normes de ces termes pris séparément. Mais cela laisse encore tellement de choix.

— Il me faut la bonne norme.

Depuis plus d'un siècle que l'on a formalisé le concept de norme, les mathématiciens en ont inventé tant et tant. Le cours que j'enseigne en deuxième année de l'ENS Lyon en est plein. Normes de Lebesgue et de Sobolev, de Hilbert et de Lorentz, de Besov et de Hölder, normes de Marcinkiewicz et de Lizorkin. Normes L^p, $W^{s,p}$, H^s, $L^{p,q}$, $B^{s,p,q}$, $\mathcal{H}^\alpha$, M^p, $F^{s,p,q}$, et que sais-je encore !

Mais cette fois-ci, aucune des normes que je connais ne semble faire l'affaire. Il faudra en sortir une nouvelle, l'extirper d'un grand haut-de-forme mathématique.

— La norme de mes rêves devra être à peu près stable par composition près de l'identité... et s'accommoder de la filamentation propre à l'équation de Vlasov en temps grand. *Gott im Himmel*, comment est-ce possible ? J'ai essayé de prendre le sup avec poids, peut-être dois-je introduire un retard... Avec Clément, on avait bien dit qu'il fallait garder la mémoire du temps écoulé, comparer avec la solution du transport libre, OK je veux bien, mais en quel sens je dois faire la comparaison ? ?

Un jour, en relisant le traité d'Alinhac–Gérard, j'ai remarqué un exercice. Montrer qu'une certaine norme W est une norme d'algèbre. C'est-à-dire que la norme W du produit de deux termes est au plus égale au produit des normes W de ces termes pris séparément. Je connais cet exercice depuis longtemps, mais en le revoyant j'ai soupçonné que cela pouvait être utile à mon Problème.

— Mouais, mais il faudrait modifier l'évaluation en 0 en mettant un sup, ou une intégrale d'ailleurs, et puis ça ne va pas bien marcher dans la variable de position, il faudrait une autre norme d'algèbre... peut-être avec Fourier ? ou alors...

Le 19 novembre, après un certain nombre d'essais infructueux, je pense avoir trouvé la norme. À cette époque, je noircis des brouillons tous les soirs et j'envoie les résultats à Clément au fur et à mesure. La machine est en marche. *Cédurak go !*

*

Soit D le disque unité dans $\mathbb{C}$, et soit $W(D)$ l'espace des fonctions holomorphes sur D satisfaisant à

$$\|f\|_{W(D)} = \sum_{n=0}^{\infty} \frac{|f^{(n)}(0)|}{n!} < +\infty.$$

Montrer que, si $f \in W(D)$, et si g est holomorphe près des valeurs prises par f sur $\overline{D}$, alors $g \circ f \in W(D)$. Indication : on remarquera que $\|h\|_{W(D)} \leq C \sup_{z \in D}(|h(z)| + |h''(z)|)$, et que $W(D)$ est une algèbre ; puis on écrira $f = f_1 + f_2$, avec $f_s(z) = \sum_{n>N} \frac{f^{(n)}(0)}{n!} z^n$, N étant choisi assez grand pour que la série $\sum_{n=0}^{\infty} \frac{g^{(n)}(0)}{n!} f_2^n$ soit bien définie et converge dans $W(D)$.

S. Alinhac & P. Gérard,
Opérateurs pseudo-différentiels et théorème de
Nash–Moser
(chapitre III, exercice A.1.a)

*

```
Date:  Tue, 18 Nov 2008 10:13:41 +0100
From:  Clement Mouhot <clement.mouhot@ceremade.dauphine.fr>
To:  Cedric Villani <Cedric.VILLANI@umpa.ens-lyon.fr>
Subject:  Re:  Dimanche IHP
```

Je viens de voir tes derniers emails, je vais lire
en detail, je prends le jeton pour essayer d'integrer
ca en un theoreme de stabilite pour la solution du
transport avec petite perturbation analytique ! la
suite bientot ! clement

```
Date:  Tue, 18 Nov 2008 16:23:17 +0100
From:  Clement Mouhot <clement.mouhot@ceremade.dauphine.fr>
To:  Cedric Villani <Cedric.VILLANI@umpa.ens-lyon.fr>
Subject:  Re:  Dimanche IHP
```

Une vague remarque apres avoir regarde un papier de Tao
(enfin le resume qu'il en donne sur son blog) sur la
turbulence faible et Schrodinger cubique 2d defocusant.

Sa definition de turbulence faible est : fuite de
masse en variable de frequence asymptotiquement,
et sa definition de turbulence forte est : fuite
de masse en variable de frequence en temps
fini. Voila la conjecture qu'il formule pour son
equation : Conjecture.* (Weak turbulence) There
exist smooth solutions u(t,x) to (1) such that

50

$\|u(t)\|_{H^s({\Bbb T}^2)}$ goes to infinity as t
\to \infty for any s > 1.

A voir si on peut montrer ca aussi pour les solutions
qu'on essaie de construire (pour le transport libre,
les derivees en x explosent bien effectivement). Comme
dans notre cas ils ont besoin de confinement par le
tore apparemment pour pouvoir voir ce phenomene sans
que la dispersion dans la variable reelle x l'emporte.
Par contre un truc que je comprends pas c'est qu'il
defend que ce phenomene est non-lineaire et qu'on ne
l'observe pas dans les cas lineaires. Dans notre cas
ca semble present deja au niveau lineaire...

a suivre, clement

Date: Wed, 19 Nov 2008 00:21:40 +0100
From: Cedric Villani <Cedric.VILLANI@umpa.ens-lyon.fr>
To: Clement Mouhot <clement.mouhot@ceremade.dauphine.fr>
Subject: Re: Dimanche IHP

Alors, voila pour aujourd'hui. J'ai mis quelques
reflexions en plus dans le fichier Estimations,
supprime la premiere section qui etait devenue plutot
obsolete et regroupe diverses estimations qui etaient
dispersees dans differents fichiers, de sorte que la
tout se trouve en gros dans un seul fichier.

Je crois qu'on n'est pas encore au clair sur la norme
dans laquelle travailler :
- du fait que l'equation sur \rho dans le cas d'un
champ homogene n'est integrale qu'en temps (!) on est
force de travailler dans une norme fixee, qui doit donc
etre _stable_ par l'action de la composition par \Om.
- Fourier semble s'imposer pour avoir la conversion de
l'analytique en decroissance exponentielle. Je ne sais
pas faire la convergence exponentielle directement sans
Fourier, bien sur ca doit etre faisable.
- du fait que le changement de variable est en (x,v) et
que la transformee de Fourier de \rho est un Dirac en
\eta, on a l'impression que c'est une norme analytique
genre L^2 en k et L^1 en \eta dont on a besoin.
- mais la composition ne va certainement jamais etre
continue dans un espace de type L^1, donc c'est pas
ca, il faut sans doute etre assez malin et probablement

commencer par "integrer" les \eta. Resterait une norme
genre L^2 analytique dans la variable k.

Conclusion : il va nous falloir encore etre malins.

A suivre,

Cedric

Date: Wed, 19 Nov 2008 00:38:53 +0100
From: Cedric VILLANI <Cedric.VILLANI@umpa.ens-lyon.fr>
To: Clement Mouhot <clement.mouhot@ceremade.dauphine.fr>
Subject: Re: Dimanche IHP

On 11/19/08, 00h21, Cedric Villani wrote :

> Conclusion : il va nous falloir encore etre malins.

Right now mon impression c'est que pour s'en sortir il
nous faut ce theoreme de continuite de la composition
par Omega pour la norme analytique L^2 en Fourier (sans
perte de poids...) et en considerant \eta comme un
parametre. Bon a demain :-)

Date: Wed, 19 Nov 2008 10:07:14 +0100
From: Cedric VILLANI <Cedric.VILLANI@umpa.ens-lyon.fr>
To: Clement Mouhot <clement.mouhot@ceremade.dauphine.fr>
Subject: Re: Dimanche IHP

Apres une nuit de sommeil il est apparu que c'est
IRREALISTE : l'action de la composition par Omega va
FORCEMENT faire perdre un peu sur lambda (c'est deja
le cas quand Omega = (1-epsilon) Id). Donc il va bien
falloir s'en accommoder malgre les apparences.
A suivre....
Cedric

Date: Wed, 19 Nov 2008 13:18:40 +0100
From: Cedric Villani <Cedric.VILLANI@umpa.ens-lyon.fr>
To: Clement Mouhot <cmouhot@ceremade.dauphine.fr>
Subject: update

Ci-joint le fichier mis a jour :
J'ai rajoute la sous-section 3.2 dans laquelle
j'examine une objection de fond apparente liee a un
truc dont on avait parle au telephone, le probleme
de la perte d'espace fonctionnel due au changement de

variable. La conclusion c'est que ce n'est pas perdu,
mais il faudra etre tres precis sur les estimations du
changement de variable.
Cedric

Date: Wed, 19 Nov 2008 14:28:46 +0100
From: Cedric Villani <Cedric.VILLANI@umpa.ens-lyon.fr>
To: Clement Mouhot <cmouhot@ceremade.dauphine.fr>
Subject: update

Nouveaux ajouts en fin de section 3.2. Maintenant ca a
l'air de plutot bien se presenter.

Date: Wed, 19 Nov 2008 18:06:37 +0100
From: Cedric VILLANI <Cedric.VILLANI@umpa.ens-lyon.fr>
To: Clement Mouhot <cmouhot@ceremade.dauphine.fr>
Subject: Re: update

Je crois que la section 5 actuelle est fausse !! Le
probleme se situe apres l'endroit ou tu ecris "En
repartissant les puissances et factoriels" : la ligne
qui suit a l'air OK, mais dans la formule d'encore en
dessous les indices ne collent plus
$(N_{k-i+1}/(k-i+1)!$ devrait donner $N_k/k!$
et pas $N_k/(k+1)!)$

En fait le resultat me paraissait beaucoup trop
fort. Ca voudrait dire qu'en composant par une
approximation de l'identite on garde le meme indice
de norme analytique. Alors que je pense qu'on doit
viser quelque chose comme
$\|f\circ G\|_\lambda \leq$ const.
$$\|f\|_{\lambda \|G\|} \|G\|$$
ou un truc dans ce style.
A suivre,
Cedric

Date: Wed, 19 Nov 2008 22:26:10 +0100
From: Cedric Villani <Cedric.VILLANI@umpa.ens-lyon.fr>
To: Clement Mouhot <cmouhot@ceremade.dauphine.fr>
Subject: good news

Dans la version en attachement j'ai vire la section
5 buggee (on pourra toujours la recuperer en cas de

besoin) et a la place j'ai mis des calculs sur la
composition, en utilisant toujours les memes variantes
analytiques, qui cette fois semblent marcher comme dans
un reve vis-a-vis de la composition (la formule que
j'avais suggeree n'est pas la bonne, finalement c'est
encore plus simple, mais bien le meme genre).

A suivre, Cedric

Date: Wed, 19 Nov 2008 23:28:56 +0100
From: Cedric Villani <Cedric.VILLANI@umpa.ens-lyon.fr>
To: Clement Mouhot <cmouhot@ceremade.dauphine.fr>
Subject: good news

Nouvelle version ci-jointe. J'ai verifie que le calcul
habituel peut se faire avec la norme suggeree par la
regle de composition (section 5.1). C'est un tout
petit peu plus complique mais ca a l'air de donner le
meme genre de resultat. C'est tout pour aujourd'hui.
Cedric

CHAPITRE 7

Bourgoin-Jallieu, le 4 décembre 2008

Surgissant de la nuit, les phares m'éblouissent à la sortie du parking. Je m'approche, c'est ma troisième tentative.

— Excusez-moi, vous allez à Lyon ?

— Euh... oui.

— Est-ce que vous pourriez me ramener, s'il vous plaît ? À cette heure-ci il n'y a plus de train !

La conductrice hésite une fraction de seconde, jette un coup d'œil à ses passagers et m'invite à monter à l'arrière du véhicule. Je prends place.

— Merci infiniment !

— Vous étiez au concert, c'est ça ?

— Oui oui, c'était chouette, hein ?

— Ouais, très bien.

— Pour les vingt ans des Têtes Raides, quand même, je pouvais pas louper ça ! Mais je déteste conduire, alors je suis venu en train, en me disant que je trouverais bien un Lyonnais pour me ramener en stop.

— Avec plaisir, pas de souci. Moi je conduisais mon fils, et puis lui, à côté de vous, c'est son ami.

Bonsoir tout le monde...

— Le pogo était pas très dur, la salle était grande, on se marchait pas sur les pieds, c'était détendu.

— Oui, les filles n'ont pas eu à se plaindre.

— Oh, certaines aiment quand ça dépote !

55

Nostalgie de certaine charmante punkette piercée, débordant d'énergie, que le hasard d'un pogo avait jeté dans mes bras lors d'un concert de Pigalle.

— Elle est jolie votre araignée.

— Oui, j'ai toujours une araignée, c'est mon style, je les fais faire sur mesure à Lyon. Atelier Libellule.

— Vous êtes musicien ?

— Non !

— Artiste ?

— Mathématicien !

— Quoi, mathématicien ?

— Oui oui... ça existe !

— Vous travaillez sur quoi ?

— Hmmm, vous voulez *vraiment* savoir ?

— Oui, pourquoi pas ?

— Allez, on ne se moque pas !

Une respiration.

— J'ai développé une notion synthétique de courbure de Ricci minorée dans les espaces métriques mesurés complets et localement compacts.

— Quoi ! !

— C'est des blagues ?

— Pas du tout. C'est un article qui a eu pas mal de retentissement dans la communauté.

— Vous pouvez répéter ? C'est trop bien !

— Alors voilà, j'ai développé une théorie synthétique de minoration de la courbure de Ricci dans les espaces métriques mesurés séparables, complets et localement compacts.

— Ouah !

— Et à quoi ça sert ?

La glace est brisée, c'est parti. J'explique longuement, je parle, je démystifie. La théorie de la relativité d'Einstein, et la courbure qui dévie les rayons lumineux. La courbure, pierre angulaire de la géométrie non euclidienne. Courbure positive, les rayons se rapprochent ; courbure négative, les rayons s'écartent. La courbure, qui s'explique avec les mots de l'optique, peut aussi s'exprimer avec les mots de la physique statistique : densité, entropie, désordre, énergie cinétique, énergie minimale... c'est la découverte que j'ai faite avec quelques collaborateurs. Comment parler de courbure dans un espace piquant comme un hérisson ? Le problème du transport optimal, que l'on retrouve en ingénierie, en météorologie, en informatique, en géométrie. Mon livre de mille pages. Je parle, parle au fur et à mesure que les kilomètres défilent.

— Ça y est, on entre dans Lyon. Où est-ce que je vous dépose ?

— J'habite dans le premier – le quartier des intellectuels ! Mais laissez-moi où ça vous arrange, je me débrouillerai.

— Pas de souci, on vous ramène chez vous, vous m'indiquerez la route.

— C'est super. Je vous dois combien, je peux participer au péage ?

— Non non, c'est pas la peine.

— Merci, vous êtes adorable.

— Avant de partir, vous pouvez m'écrire une formule mathématique ?

*

Deux figures extraites de Optimal transport, old and new, C. Villani, Springer-Verlag, 2008.

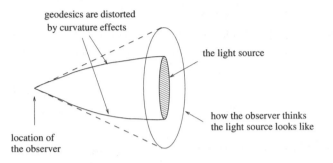

geodesics are distorted
by curvature effects

the light source

how the observer thinks
the light source looks like

location of
the observer

FIG. 7.1 – The meaning of distortion coefficients: Because of positive curvature effects, the observer overestimates the surface of the light source; in a negatively curved world this would be the contrary.

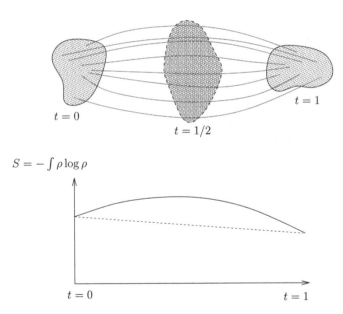

$t = 0$

$t = 1/2$

$t = 1$

$$S = -\int \rho \log \rho$$

$t = 0$

$t = 1$

FIG. 7.2 – The lazy gas experiment: To go from state 0 to state 1, the lazy gas uses a path of least action. In a nonnegatively curved world, the trajectories of the particles first diverge, then converge, so that at intermediate times the gas can afford to have a lower density (higher entropy).

CHAPITRE 8

Dans un village de la Drôme, le 25 décembre 2008

En famille pour les fêtes. J'ai bien avancé.

Quatre fichiers informatiques, mis à jour simultanément au fur et à mesure que nous progressons, contiennent tout ce que nous avons compris sur l'amortissement Landau. Quatre fichiers que nous avons échangés, complétés, corrigés, retravaillés, et parsemés de notes – **NdCM** pour les remarques de Clément, **NdCV** pour les remarques de Cédric. Écrits dans le langage TEX de Knuth, notre maître à tous, ils se prêtent à merveille à nos manœuvres d'approche.

Il y a quelque temps, nous nous sommes revus à Lyon, et Clément a pesté contre une inégalité que j'avais écrite dans un des fichiers :

$$\|e^{if}\|_\lambda \leq e^{\|f\|_\lambda'}.$$

Il a juré qu'il ne comprenait vraiment pas comment je pouvais dire une chose pareille, et j'ai bien dû admettre que mes mots avaient dépassé ma pensée. Il m'avait semblé qu'elle allait de soi, cette inégalité, mais à bien y réfléchir je ne savais plus au nom de quoi je l'avais écrite, je ne voyais plus pourquoi elle m'était apparue comme une évidence.

Maintenant je ne sais toujours pas pourquoi j'avais cru à cette inégalité, mais j'ai compris pourquoi elle est vraie ! C'est grâce à la formule de Faà di Bruno.

Il y a seize ans, à l'École normale supérieure de Paris, notre professeur de géométrie différentielle nous avait présenté cette formule qui donne les dérivées successives des fonctions composées ; elle était si compliquée que nous l'avions accueillie avec hilarité et qu'il avait dû s'excuser, avec un air piteux et un brin d'autodérision : « Ne riez pas, c'est très utile ! »

Elle est effectivement utile cette formule, il avait raison : c'est grâce à elle que mon inégalité mystérieuse est vraie !

Cela dit, il fallait être patient. Je jure (devant Boltzmann, Knuth et Landau réunis) que durant seize ans elle ne m'a servi strictement à rien, la formule, à tel point que j'en avais oublié jusqu'au nom pourtant peu banal.

Mais c'était resté dans un coin de mon cerveau : il y a une formule pour les dérivées des fonctions composées... Avec Google et Wikipedia, il m'a suffi de quelques instants pour retrouver et le nom de la formule, et la formule elle-même.

En tout cas, l'apparition de la formule de Faà di Bruno est symptomatique du tour combinatoire inattendu que prend notre travail ; mes brouillons, d'ordinaire couverts d'ouïes de violoncelles (des intégrales : $\int$ – j'en ai écrit tant que le mot vient à mon esprit automatiquement dès que je me concentre !), mes brouillons sont cette fois-ci infestés d'exposants entre parenthèses (des dérivées multiples : $f^{(4)} = f''''$) et de points d'exclamation (des factorielles : $16! = 1 \times 2 \times 3 \times \ldots \times 16$).

Au fond je suis dans l'air du temps : pendant que les enfants ouvrent leurs cadeaux de Noël avec excitation, je suspends des exposants aux fonctions comme des boules à des sapins, et j'aligne des factorielles comme autant de bougies renversées.

*

Donald Knuth est le dieu vivant de l'informatique. « S'il entrait dans la salle pendant le colloque », disait un jour un ami, « tous les participants tomberaient à genoux devant lui ».

Professeur à l'Université Stanford, Knuth a pris une retraite anticipée et coupé son courrier électronique pour se consacrer à plein temps à la fin de son œuvre majeure, L'Art de la programmation, *commencée il y a cinquante ans, dont les quelques volumes déjà parus ont révolutionné le sujet.*

Donald Knuth

En publiant ces merveilles, Knuth prit conscience de la piètre qualité graphique des formules mathématiques telles qu'elles étaient rendues par les logiciels disponibles dans le commerce ; il se promit de guérir durablement le mal. Changer d'éditeur ou de fontes ne lui suffisait pas, il décida de repenser tout le processus à la racine. En 1989 il publia la première version stable du logiciel TEX, aujourd'hui le standard utilisé par tous les mathématiciens pour composer et échanger leurs travaux.

Cette nouvelle strate d'universalité a pleinement joué son rôle quand les échanges mathématiques sont devenus massivement électroniques au début du vingt et unième siècle.

Le langage de Knuth et ses dérivés sont des logiciels libres, dont le code est accessible à tous. Les mathématiciens n'échangent que le fichier source, fichier texte constitué uniquement de caractères ASCII reconnus par tous les ordinateurs du monde. Ce fichier contient, dans un langage sobre, toutes les instructions nécessaires pour reconstruire les textes et formules jusque dans les moindres détails.

Grâce à ce logiciel, Knuth est probablement la personne vivante qui a le plus changé le quotidien des mathématiciens.

Knuth n'a cessé d'améliorer son produit, lui attribuant des numéros de versions qui sont des approximations de π, d'autant plus précises que le logiciel est plus abouti : après la version 3.14 vint la version 3.141, puis 3.1415, etc. La version courante est la version 3.1415926 ; selon le testament de Knuth, elle passera à π le jour de sa mort, figeant ainsi TEX pour l'éternité.

*

Formule de Faà di Bruno (Arbogast 1800, Faà di Bruno 1855)

$$(f \circ H)^{(n)} = \sum_{\sum_{j=1}^{n} j\, m_j = n} \frac{n!}{m_1! \ldots m_n!} \left(f^{(m_1 + \ldots + m_n)} \circ H\right) \prod_{j=1}^{n} \left(\frac{H^{(j)}}{j!}\right)^{m_j}$$

... Ce qui en TEX s'écrit

```
\[(f\circ H)^{(n)} = \sum_{\sum_{j=1}^n j\,m_j = n}
\frac{n!}{m_1!\ldots m_n!}\,
\bigl(f^{(m_1 + \ldots + m_n)}\circ H\bigr)\,
\prod_{j=1}^n\left(\frac{H^{(j)}}{j!}\right)^{m_j}\]
```

*

```
Date:   Thu, 25 Dec 2008 12:27:14 +0100 (MET)
From:   Cedric VILLANI <Cedric.VILLANI@umpa.ens-lyon.fr>
To:  Clement Mouhot <clement.mouhot@ceremade.dauphine.fr>
Subject:   Re:  parties 1 et 2, proches de fin
```

Et voila, pour Noel tu as droit aussi a la partie II.
Ca se presente tres bien, finalement tout marche en
gros du mieux que l'on pouvait esperer (sauf que la
perte d'exposant a l'air d'etre au moins comme la
racine cubique en la taille de la perturbation, mais
il n'y a pas de raison qu'on ne puisse pas regagner
ca par un schema iteratif a la Newton). Je te renvoie
les deux fichiers : analytic et scattering, et pour

l'instant j'arrete d'y toucher. Il faudra les relire
en grand detail, mais je pense que maintenant la
priorite c'est de faire converger les parties 3 et 4
(edp et interpolation), je suggere que tu m'envoies edp
des qu'il a l'air de tenir a peu pres debout meme s'il
n'est pas bien degrossi ; comme ca on pourra bosser en
parallele sur edp et sur interpolation. (Je me charge
de la mise en anglais et en forme...)
Et joyeux Noel!
Cedric

Date: Thu, 25 Dec 2008 16:48:04 +0100
From: Clement Mouhot <clement.mouhot@ceremade.dauphine.fr>
To: Cedric VILLANI <Cedric.VILLANI@umpa.ens-lyon.fr>
Subject: Re: partics 1 et 2, proches de fin

Joyeux Noel et merci pour ces cadeaux;)!!
Je travaille sur le fichier edp pour faire un theoreme
complet en norme sup et mixte, j'ai bon espoir meme
en norme mixte aussi en fait (pour le scattering c'est
vraiment en norme d'apres ton dernier fichier donc ca
semble necessaire). Pour le fichier d'interpolation,
l'inegalite de Nash precisee dont on avait besoin est
redigee (en francais) dans la version que je t'avais
envoyee, dis-moi s'il faut y mettre d'autres choses ?
La suite tres bientot ! Amicalement, Clement

Date: Fri, 26 Dec 2008 17:10:26 +0100
From: Clement Mouhot <clement.mouhot@ceremade.dauphine.fr>
To: Cedric Villani <Cedric.VILLANI@umpa.ens-lyon.fr>
Subject: Re: parties 1 et 2, proches de fin

Salut,
Voici une version preliminaire, en anglais, du theoreme
edp complet dans ta norme mixte. C'est a partir de la
page 15 du fichier. Je te l'envoie deja pour donner
une idee, meme s'il me reste des trucs a verifier
sur les details de calculs et les indices..., et la
limitation en temps borne qui est bizarre pour le
moment. En tout cas la norme mixte a l'air de se
comporter pas mal du tout avec le raisonnement que je
faisais sur les transferts de derivees avec les normes
sans Fourier. J'ai mis au debut de la section 4 avec
le theoreme en question des remarques sur pourquoi

ca me semble bien marcher. Par contre je travaille
toujours avec une norme a quatre indices (meme si
c'est bien une norme mixte selon ta definition) et pour
le moment je ne vois pas bien comment passer a trois
indices seulement en fait...
Je continue a y reflechir.
Amicalement,
Clement

Date: Fri, 26 Dec 2008 20:24:12 +0100
From: Clement Mouhot <clement.mouhot@ceremade.dauphine.fr>
To: Cedric Villani <Cedric.VILLANI@umpa.ens-lyon.fr>
Subject: Re: parties 1 et 2, proches de fin

Ce que j'appelais "limitation de temps borne" est
le fait que la perte sur l'indice due au scattering
etant lineaire en temps telle que je l'ai mise dans
l'hypothese, ca donnait un temps borne pour pas avoir
une perte plus grande qu'une certaine constante. Mais
il me semble vu ton fichier "analytic" que l'hypothese
doit pouvoir etre renforcee en quelque chose comme une
perte
$$
\varepsilon \, \min \{ 1, (t-s) \}
$$
ce qui permet que cette perte reste petite pour t
grand et s loin de t...

a+, clement

CHAPITRE 9

Princeton, le 1er janvier 2009

Dans la nuit noire, le conducteur du taxi est complètement paumé. Son GPS lui indique une direction évidemment absurde, tout droit dans les arbres.

On tente un appel à son bon sens : on est déjà passé par ici, visiblement le GPS n'est pas à jour, il faut explorer les alentours. On dirait bien qu'on est perdus, et ce qui est sûr c'est qu'on va s'embourber si on suit les instructions de la machine !

À l'arrière, les enfants ne s'affolent guère. L'une s'est endormie, fatiguée par le voyage en avion et le décalage horaire. L'autre observe en silence. Il n'a que huit ans mais il a déjà été à Taiwan, au Japon, en Italie, en Australie et en Californie, alors le taxi perdu au milieu de la forêt du New Jersey en pleine nuit, ce n'est pas ça qui va l'inquiéter, il sait que tout va s'arranger.

On tourne en rond, on retrouve un peu de civilisation, et un être humain à un arrêt de bus pour nous renseigner. Le GPS n'est pas le détenteur exclusif de la vérité topographique.

Enfin l'Institute for Advanced Study – IAS pour les intimes – se dévoile à nous. Si imposant, au beau milieu des bois, un petit air de château. Pour y parvenir, il fallait contourner le grand terrain de golf.

C'est ici qu'Einstein a passé les vingt dernières années de sa vie. Certes, à l'époque il n'était plus le fringant jeune homme de 1905 qui révolutionna la physique. Pourtant il a marqué ces lieux de sa présence plus que tout autre. Et puis il y a eu John von Neumann, Kurt Gödel, Hermann Weyl, Robert Oppenheimer, Ernst Kantorowicz, John Nash, tous ces grands penseurs dont le seul nom fait frissonner.

Actuellement ce sont Jean Bourgain, Enrico Bombieri, Freeman Dyson, Edward Witten, Vladimir Voevodsky, et bien d'autres... Plus que Harvard, Berkeley, New York ou toute autre institution, l'IAS peut prétendre au titre de temple de la mathématique et de la physique théorique. Bien sûr, il n'y a pas autant de mathématiciens qu'à Paris, capitale mondiale de la mathématique ; mais à l'IAS on trouve le distillat, la crème de la crème. Membre permanent de l'IAS, c'est peut-être le poste le plus prestigieux du monde !

Et puis juste à côté il y a l'Université de Princeton, avec Charles Fefferman, Andrei Okounkov, et tant d'autres. À Princeton, les médailles Fields sont d'une banalité, vous en avez parfois trois ou quatre autour de vous pour le déjeuner ! Sans parler d'Andrew Wiles, qui n'a pas eu la médaille Fields, mais dont la popularité a dépassé celle de n'importe quel autre mathématicien quand il a résolu la grande énigme laissée par Fermat, celle qui a attendu trois cent cinquante ans son Prince Charmant. Bref, s'il existait des paparazzi spécialisés dans les grands mathématiciens, ils pourraient planter leur caméra dans le réfectoire de l'IAS, et tous les jours avoir des images fraîches des people.

De quoi faire rêver... mais c'est pas tout ça, maintenant il s'agit de trouver les logements, l'appartement où nous allons passer six mois, et pour commencer, dormir !

Qu'est-ce que je vais faire pendant six mois dans cette toute petite ville de Princeton ?

J'en ai, des choses à faire ! J'ai besoin de concentration. Je vais pouvoir me consacrer à temps plein à mes amours mathématiques !

D'abord il faut que je torde enfin le cou à cet amortissement Landau. J'ai bien avancé, le cadre fonctionnel est bien en place, allez, je me donne deux semaines pour le boucler ! Et puis après, je boucle un autre projet, celui avec Alessio et Ludovic, on va bien le trouver, ce fichu contre-exemple pour démontrer qu'en dimension 3 ou plus les domaines d'injectivité d'une métrique riemannienne presque sphérique ne sont pas forcément convexes. On va le trouver et cela tuera la théorie de la régularité du transport optimal non euclidien !

Et après il me restera cinq mois, je les passerai sur mon grand rêve, la régularité pour Boltzmann ! Pour cela j'ai amené des brouillons que j'ai griffonnés dans une dizaine de pays différents.

Cinq mois, cela risque d'être insuffisant. Je voulais y consacrer deux ans, toute la fin de mon mandat à l'Institut universitaire de France, ce mandat pendant lequel je bénéficie d'horaires d'enseignement réduits pour mener à bien de grands travaux de recherche.

Mais j'ai été pris par tel et tel projet. Il y a eu mon second livre sur le transport optimal, commencé en janvier 2005. Initialement je comptais me limiter à 150 pages et rendre ma copie en juillet 2005 ; finalement ce sont 1 000 pages qui étaient prêtes en juin 2008. Plusieurs fois j'ai songé à y mettre un terme en cours de route, pour me remettre à Boltzmann. Mais j'ai préféré continuer. Au fond, je ne sais pas si j'ai eu le choix : c'est le livre qui a décidé, il ne pouvait en être autrement.

Pour des histoires que j'aime bien, j'ai parfois pris du retard... mais c'est rien.

Mais voilà, maintenant, il ne me reste plus que dix-huit mois avec service d'enseignement réduit, et je n'ai pas encore entamé ce qui devait être mon Grand Projet sur l'équation de Boltzmann. Alors, cette invitation à Princeton tombait à pic. Pas de livre, aucune charge administrative, aucun cours, je vais pouvoir faire de la mathématique en continu ! Tout ce qu'on me demande, c'est de participer de temps à autre à des discussions et séminaires d'analyse géométrique – le thème à l'honneur cette année à l'Institute for Advanced Study.

Au labo, ils n'ont pas tous apprécié. Ils m'auraient tous vu en directeur de labo à partir de janvier 2009, et c'est juste le moment que je choisis pour battre en retraite. Tant pis, il y a des moments où il faut être égoïste. Après tout j'ai travaillé pendant des années pour le développement de l'équipe de l'ENS Lyon, et une fois cette parenthèse princetonienne refermée, j'accomplirai encore bien des tâches administratives pour l'intérêt général.

Et puis il y a la Médaille !

La médaille Fields, celle que les prétendants osent à peine nommer, la MF. La récompense suprême pour les mathématiciens dans la force de l'âge, attribuée tous les quatre ans lors du Congrès International des Mathématiciens, à deux, trois ou quatre mathématiciens de moins de 40 ans.

Certes, il y en a, des prix chics, en mathématique ! Le prix Abel, le prix Wolf, le prix Kyoto sont sans doute plus difficiles encore à obtenir que la médaille Fields. Mais ils n'ont pas le même retentissement, la même exposition. Et ils arrivent en fin de carrière, ne jouent pas le même rôle de tremplin et d'encouragement. La MF a un rayonnement bien supérieur.

On n'y pense pas, et on ne travaille pas pour elle. Cela porterait malheur.

On ne la nomme même pas, et j'évite de prononcer son nom. J'écris la MF, et le destinataire comprend.

L'an dernier j'ai décroché le prix de la Société mathématique européenne, attribué tous les quatre ans à dix jeunes chercheurs européens. Aux yeux de beaucoup de collègues, c'était un signe que j'étais encore dans la course pour la MF. Parmi mes points forts, il y a mon spectre très large, surtout pour ma génération : analyse, géométrie, physique, équations aux dérivées partielles... En outre, le jeune prodige australien Terry Tao n'est plus un concurrent : il a déjà été médaillé au dernier Congrès International, âgé de 31 ans à peine.

Mais mes accomplissements ne sont pas irréprochables. Le théorème de convergence conditionnelle pour l'équation de Boltzmann, dont je suis si fier, suppose la régularité ; pour que ce soit parfait il aurait fallu la démontrer. La théorie des bornes de Ricci au sens faible commence tout juste, et puis notre critère général de courbure-dimension ne fait pas encore l'unanimité. Et le grand écart mathématique dont j'ai fait preuve a du bon, mais aussi des défauts : probablement aucun expert ne maîtrise l'ensemble de mon dossier. En tout cas pour avoir une chance, et aussi pour mon équilibre personnel, il faut maintenant que je démontre un théorème difficile sur un problème physique significatif.

La limite d'âge à 40 ans, quelle pression ! Je n'ai encore que 35 ans... Mais la règle a été renforcée au dernier Congrès International, en 2006 à Madrid. Désormais il faut avoir moins de 40 ans au 1er janvier de l'année du Congrès. À l'instant où la nouvelle règle a été publiquement annoncée, j'ai compris ce que cela signifiait pour moi : en 2014 je serai trop vieux de 3 mois ; la MF ce sera donc en 2010 ou jamais.

Depuis, il ne s'est pas passé un jour sans que la Médaille s'invite dans mon cerveau. Et à chaque fois, je la repousse. Pas de manœuvre politique, on ne concourt pas explicitement pour la médaille Fields, et de toute façon le jury est secret. Je n'en parle à personne. Pour accroître mes chances de décrocher la Médaille, il ne faut pas y penser. Ne pas penser à la MF, penser uniquement à un problème mathématique qui m'occupera corps et âme. Et ici à l'IAS, je vais être à l'endroit idéal pour me concentrer, sur les traces des grands anciens.

Dire que je vais habiter dans la rue Von Neumann !

*

Quand le krach de 1929 survient, les Bamberger peuvent s'estimer heureux. Ils ont fait fortune dans la grande distribution du New Jersey, puis ils ont revendu leur affaire six semaines avant que tout s'effondre. Dans une économie en ruine, ils sont riches, très riches.

Rien ne sert d'être riche si l'on n'utilise pas son argent ; alors ils veulent servir une noble cause, ils rêvent de changer la société. Ils pensent à une grande école de soins dentaires, mais on les convainc que l'utilisation la plus efficace de leur argent sera de fonder un nouvel institut de sciences théoriques. La théorie ne coûte pas si cher, avec ce qu'ils ont ils pourront fonder, pourquoi pas, le meilleur institut du monde, un institut qui pourra rayonner par-delà les mers et les océans !

Et puis, en mathématique ou en physique théorique, même si les spécialistes ne s'entendent pas sur tout, ils sont d'accord entre eux pour savoir qui sont les meilleurs. Et si ces meilleurs sont bien identifiés, on pourra les faire venir !

Alors on prendra les meilleurs pour le nouvel institut Bamberger. Après des années de négociation, ils acceptent les uns après les autres. Einstein. Gödel. Weyl. Von Neumann. Et encore d'autres... Le climat en Europe devient insupportable pour les chercheurs juifs et leurs amis, ce qui aide le centre de gravité de la science mondiale à se déplacer de l'Allemagne vers les États-Unis. En 1931 le rêve de Bamberger se concrétise : c'est l'inauguration de l'Institute for Advanced Study, l'Institut d'études avancées, juste à côté de la prestigieuse et presque bicentenaire Université de Princeton (elle-même soutenue par une autre famille de riches mécènes, les légendaires Rockefeller). À l'IAS les chercheurs permanents recevront un salaire plus que confortable, et n'auront aucune obligation de donner des cours.

L'Institut a évolué : aujourd'hui, dans le département des sciences de la nature, on trouve non seulement de la physique théorique sous toutes ses formes (astrophysique, physique des particules, mécanique quantique, théorie des cordes...), mais aussi de la biologie théorique. Un département de sciences sociales et un département d'histoire sont venus s'ajouter. Avec toujours la même tradition d'excellence.

Dans ce temple du savoir les mathématiciens défilent, racontent leurs dernières trouvailles, essaient d'attirer l'attention des plus grands. Ceux qui sont invités à rester, pour quelques mois ou quelques années, ne doivent penser qu'à une chose ici, et c'est pour cela qu'on les paie : produire les meilleurs théorèmes du monde, sous l'œil narquois d'Einstein qui est présent partout, en bronze, en photographie, en peinture.

Et tout est pensé pour que les mathématiciens n'aient à se soucier de rien d'autre que de mathématique. Si vous arrivez en famille, on inscrira vos enfants à l'école pour vous, longtemps à l'avance. Une armée de secrétaires prendra en charge vos besoins matériels. Un logement vous sera réservé à quelques minutes de l'Institut. L'excellente cantine vous dispensera de chercher un restaurant, et la forêt s'offrira à vos promenades. À peine pénétrerez-vous dans la bibliothèque de mathématique à l'ancienne qu'une assistante se jettera sur vous pour vous aider à trouver le livre que vous recherchez ou pour vous expliquer le système de fiches aussi désuet qu'efficace. Tout semblera vous dire : Écoute, petit gars, ici tu as tout ce qu'il te faut, alors oublie tous tes soucis, pense seulement à la mathématique, mathématique, mathématique.

Si vous passez par l'Institut en été, allez rendre visite à la bibliothèque de sciences humaines, de l'autre côté de l'étang par rapport au département de mathématique – la nuit, c'est désert –, et vous vous prendrez pour un explorateur découvrant une grotte emplie de trésors d'un autre temps, de vieux recueils de cartes d'un mètre et plus, de gigantesques dictionnaires et de lourdes encyclopédies.

Puis, en sortant de la bibliothèque, arrêtez-vous sur le banc tout près ; la nuit c'est le plus bel endroit du monde. Si vous avez de la chance, vous entendrez des cerfs bramer, vous verrez les lumières fantomatiques des lucioles, vous contemplerez les reflets de la lune miroitant dans les eaux noires, et vous sentirez passer les spectres de certains des plus puissants esprits du vingtième siècle, formant une brume invisible au-dessus de l'étang.

CHAPITRE 10

Princeton, le 12 janvier 2009

Tard le soir dans mon appartement princetonien, assis par terre sur la moquette, entouré de feuilles de brouillon, devant la grande baie vitrée par où les enfants, le jour, observent les écureuils gris. Je réfléchis et griffonne sans dire mot.

Dans le bureau, juste à côté, Claire visionne *Death Note* sur un ordinateur portable. Il n'y a guère de cinémas à Princeton, alors il faut bien s'occuper le soir. Je lui ai tant vanté les mérites de cette série animée diabolique... à son tour elle est devenue accro. Et c'est l'occasion d'entendre du japonais.

Aujourd'hui j'ai eu Clément au téléphone. Ces derniers jours on a enclenché la vitesse supérieure. À Princeton, je n'ai pas de cours ; et lui, chargé de recherche au CNRS, n'a pas d'obligations non plus. Alors on peut travailler tant qu'on veut.

Et puis, le décalage horaire entre collaborateurs, ça a du bon. Avec sept heures de décalage, on peut travailler presque en continu. Si Clément bosse jusqu'à minuit à Paris, deux heures plus tard à Princeton je suis dans mon bureau, prêt à prendre le relais.

On s'est accrochés sur un certain calcul. Il a une astuce assez jolie, où l'on triche sur le temps d'existence de la solution, il y met beaucoup d'espoirs. Moi, je veux bien admettre que son idée jouera un rôle important (et ce sera

73

effectivement le cas, bien au-delà de ce que je peux imaginer !), mais je n'arrive décidément pas à croire qu'elle suffise à nous sauver. Il nous faut une autre estimation.

Une nouvelle astuce.

*

Date: Mon, 12 Jan 2009 17:07:07 -0500
From: Cedric VILLANI <Cedric.VILLANI@umpa.ens-lyon.fr>
To: Clement Mouhot <clement.mouhot@ceremade.dauphine.fr>
Subject: bad news

Alors, je n'arrive pas a reproduire le transfert de
regularite avec des estimations aussi bonnes que toi
(apres conversion dans les espaces a 3 indices, il y
a quelque chose qui cloche). J'ai repris ton calcul
et trouve deux endroits qui clochent : (a) le dernier
indice dans la p. 39, 1.8 (avant "We use here the
trivial estimate") me semble etre \lambda+2\eta plutot
que \lambda+\eta; (b) il me semble impossible que dans
l'hypothese (5.12) l'estimee ne depende pas de \kappa
(les limites \kappa\to 0 et \kappa\to\infty changent
l'espace du tout au tout). Conclusion : il me semble
qu'il y a un probleme....
A suivre,
Cedric

Date: Mon, 12 Jan 2009 23:19:27 +0100
From: Clement Mouhot <clement.mouhot@ceremade.dauphine.fr>
To: Cedric Villani <Cedric.VILLANI@umpa.ens-lyon.fr>
Subject: Re: bad news

Je regarderai plus en detail demain apres-midi. Mais
je suis d'accord avec le point (a), il doit surement y
avoir d'autres pbs d'indices d'ailleurs. Pour le point
(b), ce que je pensais utiliser pour dire que (5.12)
dependait pas de kappa (pour kappa dans un compact),
c'est la faible dependance en v du champ de scattering
$X^{scat}_{s,t}$: comme $\Omega_{s,t}$ est proche de
l'identite a O(t-s) pres, on a $X^{scat} _{s,t} = x +
O(t-s)$. D'ou le fait que toute derivation en v soit
"ecrasee" dans le O(t-s) ?
a bientot, clement

Date: Sun, 18 Jan 2009 13:12:44 +0100
From: Clement Mouhot <cmouhot@ceremade.dauphine.fr>
To: Cedric Villani <Cedric.VILLANI@umpa.ens-lyon.fr>
Subject: Re: transfert

Salut Cedric,
Du fait que je refere une review de Jabin sur les
lemmes de moyenne (son cours de Porto Ercole) j'ai fait
quelques calculs pour voir le lien avec nos calculs,
et j'ai l'impression que dans l'estimation lineaire
le transfert de regularite est relie aux lemmes de
moyenne, mais exprime en L^1/L^∞ ce qui semble
pas usuel. Par exemple si on essaie de transferer de
la regularite de x vers v sans que le gain en x soit
proportionnel a (t-s) on est limite a un gain <1 pour
avoir l'integrabilite en temps, ce qui est coherent
avec la limite 1/2 en L^2. Une autre nouveaute ici
dans les calculs semble etre que quand le gain est
proportionnel a (t-s) il n'y a plus la limite 1... A
voir aussi si ce gain proportionnel a (t-s) peut etre
utile dans la theorie de regularite non-lineaire (ta
question de depart)... Et de ton cote quelles sont les
nouvelles ?
Amicalement,

Clement

CHAPITRE 11

Princeton, le 15 janvier 2009

Comme chaque matin, je passe dans la salle commune pour chercher du thé. Ici ce n'est pas la bonhomie d'Einstein, ce sont plutôt les traits acérés d'André Weil, représenté sous forme de buste en bronze.

La salle commune n'est pas exubérante. On y trouve un grand tableau noir, cela va de soi, de quoi préparer du thé, et des échiquiers, ainsi que des piles de magazines consacrés au jeu d'échecs.

L'un attire mon regard, on y célèbre Bobby Fischer, le plus grand joueur de tous les temps, disparu il y a environ un an. Frappé de plein fouet par la paranoïa, il a fini sa vie en misanthrope incohérent. Mais au-delà de la folie, restent les parties d'échecs extraordinaires d'un joueur dont on n'a jamais trouvé l'égal.

En mathématique ils ont été plusieurs à avoir le même genre de destin tragique.

Paul Erdös, le mathématicien errant, auteur de 1 500 articles (record du monde), l'un des fondateurs de la théorie probabiliste des nombres, arpentant le monde dans ses habits élimés, sans maison, sans famille, sans emploi, avec seulement son sac, sa valise, son calepin et son génie.

Grigori Perelman, qui passa sept années solitaires à percer en secret les mystères de la fameuse conjecture de Poincaré, et stupéfia le monde mathématique en lui offrant une solution inattendue, que l'on croyait impossible. C'est peut-être pour ne pas gâcher la pureté de cette solution qu'il refusa le million de dollars offert par un mécène américain, et démissionna de son poste.

Alexander Grothendieck, légende vivante qui révolutionna en profondeur la mathématique, créant une école de pensée parmi les plus abstraites jamais développées par l'humanité. Il démissionna du Collège de France et se réfugia dans un petit village pyrénéen, séducteur reconverti en ermite, en proie à la folie et à la manie de l'écriture.

Kurt Gödel, le plus grand logicien de tous les temps, qui démontra, à la surprise générale, qu'aucune théorie mathématique n'est complète et qu'il subsiste toujours des énoncés qui ne sont ni vrais ni faux. Au déclin de sa vie, rongé par un complexe de persécution, il finit par se laisser mourir de faim, de crainte de se faire empoisonner.

Et John Nash, mon héros mathématique, qui en dix années et trois théorèmes révolutionna l'analyse et la géométrie avant de sombrer lui aussi dans la paranoïa.

La marge est étroite, dit-on, entre le génie et la folie. Mais l'un comme l'autre sont des concepts mal définis. Et puis que ce soit avec Grothendieck, avec Gödel ou avec Nash, on voit bien que les périodes de folie ne correspondent pas aux périodes de productivité mathématique.

L'inné et l'acquis, un autre débat classique. Fischer, Grothendieck, Erdös, Perelman étaient tous d'origine juive. Parmi eux, Fischer et Erdös étaient en outre d'origine hongroise. Quiconque a pratiqué le milieu mathématique sait combien les talents juifs dans ce domaine sont nombreux, et ne peut que s'émerveiller devant l'extraordinaire palmarès hongrois. Comme le disait une boutade en vogue dans certains cercles de scientifiques américains des années 40, « Les Martiens existent : ils ont une intelligence surhumaine, parlent une langue incompréhensible, et prétendent venir d'un lieu appelé la Hongrie. »

Cela dit, Nash est un Américain pure souche, sans rien dans son ascendance qui eût pu laisser prévoir son destin exceptionnel. De toute façon, un destin dépend de tant de choses ! Brassage génétique, brassage des idées, brassage des expériences et des rencontres, tout cela participe à la merveilleuse et dramatique loterie de la vie. Ni les gènes, ni l'environnement ne peuvent tout expliquer, et c'est bien ainsi.

*

What happens when you gather 200 of the world's most serious scholars, isolate them in a wooded compound, liberate them from all the mundane distractions of university life, and tell them to do their best work ? Not much. True, a lot of cutting edge research gets done at the celebrated Institute for Advanced Study near Princeton. Due to the Institute's remarkable hospitality, there is no better place for an academic to sit and think. Yet the problem, according to many fellows, is that the only thing there is to do at the Institute is sit and think. It would be an understatement to call the IAS an Ivory Tower, for there is no more lofty place. Most world-class academic institutions, even the very serious, have a place where a weary bookworm can get a pint and listen to the jukebox. Not so the IAS. Old hands talk about the salad days of the 40s and 50s when the Institute was party central for Princeton's intellectual elite. John von Neumann invented modern computing, but he is also rumored to have cooked up a collection of mind-numbing cocktails that he liberally distributed at wild fetes. Einstein turned physics on its head, but he also took the occasional turn at the fiddle. Taking their cues from the Ancients, the patriarchs of the Institute apparently believed that men (as they would have said) should be well-rounded, engaging in activities high and low, according to the Golden Mean. But now the Apollonian has so overwhelmed the Dionesian at the Institute that, according to many members, even the idea of having a good time is considered only in abstract terms. Walking around the Institute's grounds, you might trip over a Nobel laureate or a Fields medalist. Given the generous support of the Institute, you might even become one. But you can be pretty certain that you won't have a drink and a laugh with either.

(Extrait de l'article "DNE, le seul groupe de rock qu'il y ait jamais eu à l'Institute for Advanced Study", par Marshall Poe, Encyclopedia of Memory [DNE = Do Not Erase].)

CHAPITRE 12

Princeton, le 17 janvier 2009

Samedi soir, dîner en famille.

La journée a été entièrement consacrée à un voyage organisé par l'Institut pour ses visiteurs. Voyage au saint des saints pour tous ceux qui aiment l'histoire de la Vie : le Muséum d'histoire naturelle à New York.

Je me souviens très bien de ma première visite dans ce Muséum, il y a tout juste dix ans. Quelle émotion de voir certains des fossiles les plus célèbres du monde, des fossiles reproduits dans ces guides et dictionnaires de dinosaures que je dévorais adolescent.

Aujourd'hui je me suis replongé dix ans en arrière et j'ai oublié mes soucis mathématiques. Mais maintenant, à table, ils reviennent.

Claire observe, un peu interloquée, mon visage tourmenté de tics.

La preuve de l'amortissement Landau ne tient toujours pas debout. Dans ma tête, ça s'agite.

Comment faire, bon sang, comment faire pour obtenir une décroissance par transfert de régularité en position, quand on a composé les vitesses... c'est cette composition qui introduit une dépendance en vitesses, mais je n'en veux pas, des vitesses !

Quel bazar.

Je ne converse guère et réponds de manière minimale, au mieux par quelques mots, au pire par des grognements.

81

— Il faisait froid aujourd'hui ! On aurait pu faire de la luge... Tu as vu de quelle couleur était le drapeau de l'étang, aujourd'hui ?

— Hmmm. Rouge. Je crois.

Drapeau rouge : même si l'étang est gelé, interdiction de marcher dessus, c'est trop dangereux. Drapeau blanc : vous pouvez y aller les gars, c'est du solide, sautez, riez, dansez sur la glace si vous le souhaitez.

Et dire que j'avais accepté de présenter mes résultats au séminaire de physique statistique de Rutgers du 15 janvier ! *Comment* ai-je pu accepter, alors que la preuve n'était pas complète ?? Qu'est-ce que je vais leur raconter ?

Mais voilà, quand je suis arrivé ici tout début janvier, j'étais tellement sûr de finir le projet en deux semaines chrono ! Heureusement que cet exposé a été repoussé de deux semaines supplémentaires ! Et même avec ce report, est-ce que je vais être prêt ?? La date est toute proche maintenant !! Mais comment aurais-je pu imaginer que c'était si difficile, je n'ai jamais vu ça !

C'est les vitesses, le problème, les vitesses ! Quand il n'y avait pas la dépendance en vitesses, on pouvait séparer les variables après transformée de Fourier, mais avec les vitesses, comment faire ?? Et les vitesses c'est obligé, dans l'équation non linéaire, que je les considère !

— Ça va ? Faut quand même pas te rendre malade ! Relax, détends-toi.

— Mouaif.

— On dirait que tu es vraiment obnubilé.

— Écoute, là j'ai une mission. Ça s'appelle l'amortissement Landau non linéaire.

— Tu devais pas travailler sur l'équation de Boltzmann, c'était ça ton grand projet, tu crois pas que tu es en train de perdre de vue l'essentiel ?

— M'en fiche. Maintenant c'est l'amortissement Landau.

Mais l'amortissement Landau continue à jouer à la froide beauté inaccessible. Je suis incapable de l'aborder.

... Il y a quand même ce petit calcul que j'ai fait en rentrant du musée, il donne de l'espoir, non ? Mais que c'est compliqué ! J'ai ajouté deux paramètres de plus à la norme. Nos normes dépendaient de cinq indices, c'était déjà le record du monde, maintenant il va y en avoir sept ! ! Mais pourquoi pas, quand les deux indices sont appliqués à une fonction qui ne dépend pas de la vitesse, ça redonne la même norme qu'avant, c'est cohérent... Il faut que je le vérifie bien, ce calcul. Mais si je le regarde trop maintenant, il va être faux, alors attendons demain ! Bon sang, il faudrait tout refaire, tout avec ces maudites normes à sept indices.

J'ai l'air si sombre, Claire a pitié de moi, elle sent qu'il faut un geste pour me réconforter.

— Allez, demain c'est dimanche, si tu veux tu peux aller passer la journée au bureau, je m'occupe des poutchous.

À cet instant, rien au monde ne saurait me faire plus plaisir.

*

```
Date:  Sun, 18 Jan 2009 10:28:01 -0500
From:  Cedric VILLANI <Cedric.VILLANI@umpa.ens-lyon.fr>
To:  clement.mouhot@ceremade.dauphine.fr
Subject:  Re: transfert

On 01/18/09, 13h12, Clement Mouhot wrote :
> Et de ton cote quelles sont les nouvelles ?

J'avance...  d'abord je suis en dents de scie, mais
finalement je me suis convaincu qu'en procedant comme
tu faisais, on ne gagne pas assez en temps grand.
J'ai trouve une autre methode qui gagne juste sur la
variable de temps, elle a l'air de bien marcher mais un
seul defaut, elle fait intervenir des espaces un peu
plus compliques, avec 2 indices de plus :-) Cependant
toutes les estimations ont l'air de marcher pareil
pour cette nouvelle famille, mais il va falloir bien
verifier.  En tout cas ce sont des trucs hyperfins,
et je crois l'un des coeurs du probleme.  Ce soir je
```

t'envoie une nouvelle version si tout va bien, avec des
trous a completer, et on devrait pouvoir recommencer a
bosser en parallele.
Amities
Cedric

Date: Sun, 18 Jan 2009 17:28:12 -0500
From: Cedric Villani <Cedric.VILLANI@umpa.ens-lyon.fr>
To: clement.mouhot@ceremade.dauphine.fr
Subject: Re: transfert

Voici le nouvel etat du fichier. Pour faire tenir ca
debout (je ne parle pas encore du schema de Newton), il
faut (i) verifier que les normes "bihybrides" que j'ai
introduites dans la fin de la section 4 verifient les
memes proprietes que les normes hybrides "simples", et
qu'en consequence on a des estimations similaires sur
les caracteristiques dans ces normes (!) (ii) trouver
un moyen de combiner les deux effets distincts qui
sont decrits dans la nouvelle section 5; (iii) mettre
tout ca dans la fin de la section 7 et completer pour
mettre l'estimee sur la densite complete; (iv) tout
verifier ! Autant dire qu'on a du pain sur la planche.
Pour l'instant je suggere que tu verifies ce que j'ai
ecrit, et tu me dis quand tu vois quelque chose de
suspect. Je te dirai si je vois plus tard des choses
qu'on peut clairement bosser en parallele...

Quelques precisions en plus :
Au sujet de tes estimees de transfert de regularite,
je pense qu'elles etaient buggees, le resultat etait
trop fort, je ne suis pas arrive a les reproduire dans
les normes habituelles; en revanche j'ai utilise ta
strategie pour faire un transfert dans la section 5.
Mais quand on essaie de s'en servir en temps grand
(t\to\infty, \tau restant petit) ca semble planter,
les exposants autorises ne permettent pas de faire
converger l'integrale en temps. J'ai concocte (ne
me demande pas comment) une recette pour gagner sur
l'integration en temps, mais cette fois sans gagner sur
la regularite. Il reste a combiner les deux.
A suivre, amities
Cedric

Date: Mon, 19 Jan 2009 00:50:44 -0500
From: Cedric Villani <Cedric.VILLANI@umpa.ens-lyon.fr>
To: clement.mouhot@ceremade.dauphine.fr
Subject: Re: transfert

J'ai relu le fichier et fait un peu de debuggage,
donc c'est la version ci-attachee qui fait foi. Dans
l'immediat je propose le partage des taches suivant :

- tu te charges de faire tenir debout la
Proposition 4.17 et le Theoreme 6.3, c'est un peu
bestial mais ca aura l'avantage de te forcer a
relire toutes mes estimations des sections 4 et 6
en detail :-) ce qui n'est pas du luxe, car on est
a la merci d'une erreur de calcul sur les conditions
que doivent verifier les exposants. Pour l'instant a
ces deux endroits j'ai mis des enonces "pipeau" avec
des estimations ecrites un peu au hasard, il se peut
que ce soient les bonnes mais il se peut aussi que la
realite soit plus compliquee. Pas besoin de rediger
les preuves, mais il faut etre sur des bornes qu'on
obtient, tout le reste en depend.

- pendant ce temps je m'occupe de finir les sections 5
et 7 (modulo l'input qui viendra du Theoreme 6.3).

- egalement je vais discuter demain avec Tremaine pour
la partie physique de l'intro.

- si tu arrives a mettre en forme ta remarque
ci-dessous, tu peux l'incorporer dans l'intro de la
section 5, ou j'ai deja mentionne le lien avec les
lemmes de moyenne. (Attention, comme on travaille
dans la classe analytique il n'est pas parfaitement
convaincant que ce soit un phenomene L^1/L^∞??)

Si tu as le temps de bosser tout de suite la-dessus, et
que tout marche bien, on doit pouvoir se fixer comme
objectif d'avoir boucle tout ca d'ici 2-3 jours, et il
ne restera plus que Newton/Nash-Moser a bien mettre en
place. (Mais je pense que la priorite est de corriger
les enonces de 4.17 et 6.3 pour etre sur de ne pas
batir sur "du vent".)

Amities
Cedric

Date: Mon, 19 Jan 2009 13:42:27 +0100
From: Clement Mouhot <clement.mouhot@ceremade.dauphine.fr>
To: Cedric Villani <Cedric.VILLANI@umpa.ens-lyon.fr>
Subject: Re: transfert

Salut Cedric,

ca devient de plus en plus monstrueux;) !!

$*$

Extraits du fichier global-3 (18 janvier 2009)

4.7 Bihybrid norms

We shall be led to use the following more complicated norms :

Définition 4.15. We define the space $\mathcal{Z}_{(\tau,\tau')}^{(\lambda,\lambda'),\mu;p}$ by

$$\|f\|_{\mathcal{Z}_{(\tau,\tau')}^{(\lambda,\lambda'),\mu;p}} = \sum_n \sum_m \frac{1}{n!\,(n-m)!}$$

$$\times \left\| \left(\lambda(\nabla_v + 2i\pi\tau k) \right)^m \left(\lambda'(\nabla_v + 2i\pi\tau' k) \right)^{n-m} \widehat{g}(k,v) \right\|_{L^p(dv)}.$$

(...)

After trial and error, the best we could do was to recover this decay in the "bi-hybrid" norms described in Subsection 4.7 :

Proposition 5.6 (regularity-to-decay estimate in hybrid spaces). *Let $f = f_t(x,v)$, $g = g_t(x,v)$, and*

$$\sigma(t,x) = \int_0^t \int f_\tau(x - v(t-\tau), v)\, g_\tau(x - v(t-\tau), v)\, dv\, d\tau.$$

Then

$$\|\sigma(t)\|_{\mathcal{F}^{\lambda t + \mu}} \le \left(\frac{C}{\bar{\lambda} - \lambda} \right) \sup_{0 \le \tau \le t} \|f_\tau\|_{\mathcal{Z}_\tau^{\bar{\lambda},\mu;1}} \sup_{0 \le \tau \le t} \|g_\tau\|_{\mathcal{Z}_{(\tau,0)}^{(\lambda,\bar{\lambda}-\lambda),\mu}}.$$

CHAPITRE 13

Princeton, le 21 janvier 2009

Grâce à l'astuce trouvée le soir de la visite au Muséum, j'ai pu repartir. Et aujourd'hui, je suis plein d'espoir et d'effroi mêlés. Face à une difficulté majeure, j'ai fait quelques calculs explicites et j'ai fini par comprendre comment gérer un terme trop gros. En même temps, je suis saisi de vertige devant la complexité de ce qui s'ouvre à moi.

La brave équation de Vlasov, que je croyais commencer à connaître, fonctionnerait donc par à-coups ? Le calcul montre, sur le papier, qu'il y a des temps particuliers où elle réagit trop vite par rapport aux stimuli. Je n'ai jamais entendu parler de quelque chose de tel, ce n'est pas dans les articles et les livres que j'ai lus. Mais en tout cas on avance.

*

```
Date:  Wed, 21 Jan 2009 23:44:49 -0500
From:  Cedric VILLANI <Cedric.VILLANI@umpa.ens-lyon.fr>
To:  Clement Mouhot <clement.mouhot@ceremade.dauphine.fr>
Subject:  !!

Ca y est, apres des heures a patauger lamentablement je
suis persuade d'avoir identifie la raison qui cancelle
le O(t) dont je me plaignais au telephone aujourd'hui.
C'est MONSTRUEUX !
```

Apparemment ce n'est pas dans les estimees bilineaires, pas dans le schema de Moser, c'est au niveau de l'equation "de Gronwall" ou on estime \rho en fonction d'elle-meme.... le point est qu'on a un truc du genre

u(t) \leq source + \int_0^t a(s,t) u(s) ds

ou u(t) est une borne sur \|\rho(t)\|. Si \int_0^t a(s,t) ds = O(1), tout va bien. Le probleme c'est que \int_0^t a(s,t) ds semble pouvoir etre egal a O(t) (vraiment aucune obstruction, j'ai pris les cas les plus parfaits possibles et ca peut toujours se produire). Mais quand ca se produit, c'est en un point strictement interieur a [0,t], genre vers le milieu (ca correspond au cas ou on a k et \ell tels que 0 = (k+\ell)/2); ou aux 2/3 si on avait 0= (2/3)k + \ell/3, etc. Mais alors l'equation de recursion sur u(s) ressemble a

u(t) \leq source + epsilon t u(t/2)

et les solutions de ce truc ne sont pas bornees a priori, mais sont a croissance lente ! (sous-exponentielle) Mais comme la norme sur \rho contient la decroissance exponentielle, on obtient bien finalement cette decroissance..........

Mettre ce truc en forme semble un peu monstrueux (il faut repertorier des resonances, en gros). C'est mon travail de demain. En tout cas tout ca ne remet pas en question le programme de verification des proprietes des normes bihybrides.
Amities
Cedric

Date: Wed, 21 Jan 2009 09:25:21 +0100
Subject: Re: !!
From: Clement Mouhot <clement.mouhot@ceremade.dauphine.fr>
To: Cedric Villani <Cedric.VILLANI@umpa.ens-lyon.fr>

Ca a l'air effectivement monstrueux ! De mon cote j'ai regarde la partie Nash-Moser et je suis d'accord aussi que ca parait peu probable qu'on puisse absorber le facteur t dedans... Par contre si je

comprends bien l'argument de borne sur u(t) il faut
absolument que le point s ou a(s,t) est grand reste
uniformement a une distance strictement positive de
t... Un autre truc c'est que on aurait donc une borne
sous-exponentielle en temps lors de la resolution du
probleme non-lineaire. Et pour le faire manger par
la norme sur \rho il faudrait accepter de perdre
un peu sur son indice, ce qu'on doit a mon avis
eviter absolument dans la partie Nash-Moser.... ?
amicalement, clement

CHAPITRE 14

Princeton, le 28 janvier 2009

Noir ! J'ai besoin d'obscurité, de rester seul dans le noir. La chambre des enfants, volets fermés, très bien. La régularisation. Le schéma de Newton. Les constantes exponentielles. Tout virevolte dans ma tête.

Juste après avoir ramené les enfants à la maison, je suis allé me réfugier dans leur chambre, pour continuer à remuer mes pensées. Demain c'est mon exposé à Rutgers, et la preuve ne tient toujours pas debout. J'ai besoin de marcher en solitaire pour réfléchir. Il y a *urgence* !

Claire en a encaissé d'autres sans broncher ; cependant, que je me retrouve à marcher en rond, seul dans une pièce noire, pendant qu'elle prépare le repas, cela fait un peu trop.

— C'est quand même très bizarre ! !

Je n'ai pas répondu, tous mes canaux mentaux étaient saturés par la réflexion mathématique et le sentiment d'urgence. Je suis quand même allé manger avec le reste de la famille, puis j'ai travaillé toute la soirée. Un certain calcul, sur lequel je comptais ferme, ne marche plus, j'avais dû me tromper. Grave ou pas grave ?

Vers deux heures du matin j'arrête, j'ai l'impression que finalement tout va bien marcher.

*

Date: Thu, 29 Jan 2009 02:00:55 -0500
From: Cedric Villani <Cedric.VILLANI@umpa.ens-lyon.fr>
To: Clement Mouhot <cmouhot@ceremade.dauphine.fr>
Subject: global-10

!!!!   Je crois que maintenant on tient les bouts
manquants.

- D'abord, j'ai enfin trouve (sauf erreur) comment
faire pour perdre un epsilon aussi petit que l'on
veut (quitte a perdre une tres grande constante, genre
exponentielle ou exponentielle carre en 1/epsilon).
Ceci resulte d'un calcul parfaitement diabolique
que j'ai pour l'instant juste ebauche a la fin de
la section 6.   Il a l'air totalement miraculeux mais il
tombe pile comme il faut, ca semble convaincant.

- Ensuite, je crois avoir aussi identifie les endroits
ou l'on perd sur les caracteristiques et le scattering.
Il va falloir refaire tous les calculs dans cette
section, ca s'annonce assez atroce...   J'ai mis
quelques commentaires dans une sous-section a la fin de
cette section.

Avec ca, je pense qu'on a maintenant tous les elements
pour nourrir le Nash-Moser.   Demain jeudi je ne
suis pas la.   Voici le plan que je suggere pour la
suite :   je me charge de reprendre la section 6 avec
la croissance sous-exponentielle, et pendant ce temps
tu te lances dans les estimees de scattering qui ne
sont pas tristes.   On se donne pour objectif d'avoir en
debut de semaine prochaine redige tout sauf la derniere
section.   Ca marche ?

Amities

Cedric

Chapitre 15

Aujourd'hui est le jour tant redouté. Je suis invité au séminaire de physique statistique de l'Université Rutgers, à environ trente kilomètres de Princeton. Eric Carlen et Joel Lebowitz, qui tous deux habitent à Princeton et travaillent à Rutgers, m'accompagnent en voiture.

C'est ma seconde virée à Rutgers ; la première fois, c'était pour une journée à la mémoire de Kruskal, l'inventeur des solitons, un grand esprit. Les anecdotes plaisantes rapportées par les orateurs sont encore vivaces dans mon esprit – Kruskal discutant dans l'ascenseur avec deux collègues, se prenant tellement à la conversation qu'ils y restent pendant vingt minutes tandis que d'autres entrent et sortent de l'ascenseur qui monte et descend.

Mais aujourd'hui c'est moins plaisant. Je suis sous tension !

D'habitude, dans un exposé de recherche (un « séminaire ») on raconte quelque chose qui a été minutieusement vérifié et répété. C'est ce que j'ai toujours fait jusqu'à présent. Mais aujourd'hui ce n'est pas le cas : le travail que je vais présenter n'est pas bien peaufiné, et la démonstration n'est même pas complète.

Certes, hier soir je me suis convaincu que tout marcherait bien, qu'il suffisait d'écrire la fin. Mais ce matin les doutes étaient de retour. Avant de se dissiper à nouveau. Dans la voiture, encore, j'y pense.

Au moment où je fais l'exposé, je suis sincèrement persuadé que tout marche bien. Autosuggestion ? Je ne donne pas beaucoup de détails mathématiques, mais j'insiste sur la signification du problème et son interprétation physique. J'exhibe la fameuse norme, dont la complexité fait frémir le public. Et encore, je me contente de présenter la version à cinq indices, pas celle à sept...

Nous sommes une dizaine à déjeuner ensemble après l'exposé, les discussions vont bon train. Dans l'auditoire tout à l'heure, il y avait un grand lutin aux yeux brillants, tout jubilant : Michael Kiessling ; maintenant il me raconte avec un enthousiasme communicatif ses amours de jeunesse pour la physique des plasmas, l'écrantage, l'écho plasma, la théorie quasi-linéaire...

Michael Kiessling

L'écho plasma éveille toute mon attention. Quelle belle expérience ! On prépare un plasma, c'est-à-dire un gaz dans lequel on a séparé les électrons des noyaux ; on le prépare au repos, et au début de l'expérience on dérange ce repos en appliquant un bref champ électrique, une « impulsion ». On attend ensuite que le courant ainsi créé s'estompe, puis on applique un second champ. On attend encore que cela s'estompe, et c'est là que survient le miracle : si les deux impulsions sont bien choisies, on observera une réponse spontanée, à un instant précis, on appelle cette réponse l'*écho*...

Étrange, non ? On pousse un cri (électrique) dans le plasma, puis un second cri (à une hauteur différente), et un peu plus tard le plasma répond (à une hauteur encore différente !).

Tout cela me rappelle les calculs que j'ai effectués il y a quelques jours : une résonance en temps.... mon plasma qui réagissait à certains instants bien particuliers... je croyais avoir perdu la tête, mais peut-être que c'est la même chose que ce phénomène des échos, bien connu en physique des plasmas ?

Je verrai plus tard, pour l'instant je vais discuter avec les professeurs d'ici. Alors, qui est dans votre équipe, en ce moment ? Vous avez fait de bons recrutements ? Oui oui, tout va bien, il y a Untel et Untel, et puis Untel...

L'un des noms me fait bondir.

— Quoi, Vladimir Scheffer travaille ici ! !

— Oui, ça fait un bail. Pourquoi, Cédric, tu connais ses travaux ?

— Mais bien sûr, j'ai fait un séminaire Bourbaki sur son fameux théorème d'existence de solutions paradoxales de l'équation d'Euler. Il faut que je le rencontre !

— Tu sais, nous on ne le voit pas beaucoup, ça fait longtemps que je n'ai pas discuté avec lui. On va essayer de te le trouver après le repas.

Joel est parvenu à le contacter, et Scheffer nous a rejoints dans le bureau de Joel.

Je ne suis pas près d'oublier cette entrevue.

Scheffer a commencé par s'excuser longuement de ne pas avoir pu venir plus tôt, nous a parlé de son job consistant à étouffer dans l'œuf certaines menaces légales contre l'Université – déposées par des élèves dépités ?

Puis on a discuté de mathématique en tête à tête, dans une petite pièce, autour d'un tableau noir.

— J'ai fait un séminaire Bourbaki sur vos travaux, j'ai imprimé le texte pour vous ! Il est en français mais peut-être que vous pourrez en profiter. J'explique en grand détail

comment votre théorème d'existence de solutions paradoxales a été amélioré et simplifié par Camillo De Lellis et
László Székelyhidi.

— Ah, c'est très intéressant, merci.

— Je voulais savoir, comment avez-vous eu cette idée,
comment diantre avez-vous eu l'idée de construire ces solutions incroyables ?

— Je vais vous expliquer, c'est très simple. Dans ma
thèse, j'avais montré qu'il existe des objets impossibles, des
choses qui ne devraient pas exister dans notre monde. Voici
la méthode.

Il dessine quelques bosses au tableau, et une sorte
d'étoile à quatre branches. Je reconnais la figure.

— Oui, je connais ça, c'est la configuration T_4 de
Tartar !

Luc Tartar

— Vraiment ? Bon, peut-être, je ne sais pas, en tout cas
j'avais fait ça pour construire des solutions impossibles de
certaines équations elliptiques. Et j'ai compris qu'il y avait
une recette générale.

Il explique la recette.

— Oui, ça aussi je connais, c'est l'intégration convexe
de Gromov !

— Ah bon ? Non, je ne crois pas, c'est beaucoup plus
simple mon affaire, la construction marche tout simplement parce qu'on est dans l'enveloppe convexe, et on peut

à chaque fois exprimer la solution approchée comme une combinaison convexe et puis....

Dans ce qu'il me dit je reconnais tous les ingrédients de cette théorie appelée l'intégration convexe. Ce type a tout retrouvé tout seul sans savoir ce que faisaient les autres ? Il a vécu sur la planète Mars ?

— Et donc, la mécanique des fluides ?

— Ah oui ! Donc, un jour, j'avais assisté à un exposé de Mandelbrot, et je me suis dit : j'aimerais bien faire pareil ; alors je me suis mis à étudier l'équation d'Euler d'un point de vue fractal, et j'ai compris que je pouvais refaire le même genre de choses que dans ma thèse. Mais c'était compliqué.

J'écoute avec une attention extrême. Mais après deux ou trois phrases générales, il s'interrompt brutalement.

— Et maintenant, je suis désolé, je dois rentrer, je prends les transports en commun, en ce moment avec la neige c'est très glissant et je n'ai pas un très bon équilibre, et puis mon chemin est assez long, et....

La fin de l'entretien se passe à évoquer toutes les bonnes raisons pour lesquelles il doit prendre congé. La discussion mathématique a duré environ cinq minutes, pendant lesquelles je n'ai rien appris. Dire que c'est là l'homme qui est à l'origine du théorème le plus surprenant de toute la mécanique des fluides ! La preuve vivante que l'on peut être un esprit supérieur et un piètre communicant.

De retour chez Joel, je parle de mon entrevue et regrette qu'elle n'ait duré que cinq minutes.

— Tu sais, Cédric, cinq minutes avec Vlad, c'est à peu près autant que tout ce qu'on a pu discuter avec lui dans les cinq dernières années.

C'est le moment de tirer un trait sur cette rencontre qui restera gravée dans ma mémoire... je vais revenir à mes affaires d'amortissement Landau.

Le temps de rentrer à Princeton, les doutes sont revenus.

À bien y réfléchir, la preuve ne va pas marcher.

Ce séminaire à Rutgers marque un moment clé dans ma quête. Avoir annoncé des résultats qui ne sont pas encore démontrés est une faute grave, une rupture dans le contrat de confiance qui lie l'orateur à son auditoire. Pour que la faute ne soit pas trop énorme, je suis dos au mur, il faut à tout prix que je prouve ce que j'ai annoncé.

On dit que John Nash, mon héros mathématique, avait coutume de se mettre sous une pression invraisemblable en annonçant des résultats qu'il ne savait pas encore montrer. En tout cas c'est ce qu'il a fait pour le théorème de plongement isométrique.

À partir du séminaire à Rutgers, je ressens un peu de cette même pression. Le sentiment d'urgence ne va plus me quitter pendant les mois qui viennent. Il faut compléter cette preuve, ou je suis déshonoré ! !

*

Imaginez : vous vous promenez en forêt par un paisible après-midi d'été, vous vous arrêtez près d'un étang. Tout est calme, pas un souffle de vent.

Soudain, la surface de l'étang est prise de convulsions, tout s'agite dans un formidable tourbillon.

Et puis, après une minute, tout est calme à nouveau. Toujours pas un souffle de vent, pas un poisson dans l'étang, alors que s'est-il passé ?

Le paradoxe de Scheffer–Shnirelman, certainement le résultat le plus surprenant de toute la mécanique des fluides, prouve qu'une telle monstruosité est possible, du moins dans le monde mathématique.

Il n'est pas basé sur un modèle exotique, des probabilités quantiques, de l'énergie noire ou que sais-je encore. Il repose sur l'équation d'Euler incompressible, la doyenne de toutes les équations aux dérivées partielles, le modèle accepté par tous, mathématiciens comme physiciens, pour décrire un fluide parfait incompressible, sans frottements internes.

Cela fait plus de 250 ans que l'équation d'Euler est née, et pourtant on n'a pas encore percé tous ses mystères.

Pire : l'équation d'Euler est considérée comme l'une des plus traîtresses de toutes. Quand le Clay Mathematics Institute a mis à prix sept problèmes de mathématique, pour un million de dollars chacun, il a pris soin d'inclure la régularité des solutions de Navier–Stokes, mais il a soigneusement évité de parler d'Euler, encore bien plus monstrueux.

Pourtant l'équation d'Euler a l'air de prime abord si simple, si innocente, on lui donnerait sans confession le bon Dieu de la mécanique des fluides ! Nul besoin de modéliser les variations de densité ou de comprendre la mystérieuse viscosité, il suffit d'écrire les lois de conservation : conservation de la masse, conservation de la quantité de mouvement, conservation de l'énergie.

Mais... voilà qu'en 1994 Scheffer montre que l'équation d'Euler dans le plan autorise une création spontanée d'énergie ! Création d'énergie à partir de rien ! On n'a jamais vu des fluides engendrer de telles monstruosités dans la nature ! Autant dire que l'équation d'Euler nous réserve encore des surprises de taille.

La preuve de Scheffer était un tour de force de virtuosité mathématique, et elle était aussi obscure que difficile. Je doute que quelqu'un d'autre que son auteur l'ait jamais lue en détail, et je suis certain que personne ne saurait la reproduire.

En 1997, le mathématicien russe Alexander Shnirelman, réputé pour son originalité, présentait une nouvelle preuve de cet énoncé surprenant. Il proposait peu après d'imposer aux solutions de l'équation d'Euler un critère, physiquement réaliste, destiné à interdire les comportements pathologiques.

Las ! Il y a quelques années, deux jeunes mathématiciens brillants, l'Italien De Lellis et le Hongrois Székelyhidi, prouvaient un théorème général, encore plus choquant, et montraient au passage l'impuissance du critère de Shnirelman à résoudre le paradoxe. En prime, grâce aux techniques de l'intégration convexe, ils proposaient une nouvelle méthode pour engendrer ces solutions monstrueuses, un procédé limpide s'inscrivant dans une voie explorée par de nombreux chercheurs avant eux : Vladimir Šverák, Stefan Müller, Bernd Kirchheim... Ainsi, avec De Lellis et Székelyhidi, on découvre qu'on en sait encore moins que ce qu'on croyait sur l'équation d'Euler.

Et pourtant ce n'était déjà guère.

*

Extrait de mon séminaire Bourbaki de 2008

Théorème (Scheffer 1993, Shnirelman 1997). *Il existe une solution faible non nulle de l'équation d'Euler incompressible en dimension 2,*

$$\frac{\partial v}{\partial t} + \nabla \cdot (v \otimes v) + \nabla p = f, \qquad \nabla \cdot v = 0,$$

sans forçage ($f \equiv 0$), à support compact en espace-temps.

Théorème (De Lellis et Székelyhidi 2007, 2008). *Soient Ω un ouvert de $\mathbb{R}^n$, $T > 0$, et $\overline{e}$ une fonction uniformément continue $\Omega \times]0, T[\to]0, +\infty[$, avec $\overline{e} \in L^\infty(]0, T[; L^1(\Omega))$. Alors pour tout $\eta > 0$ il existe une solution faible (v, p) de l'équation d'Euler, sans forçage ($f \equiv 0$), telle que*

    (i) $v \in C(\mathbb{R}; L^2_w(\mathbb{R}^n))^n$;

    (ii) $v(x, t) = 0$ si $(x, t) \notin \Omega \times]0, T[$; en particulier $v(\cdot, 0) = v(\cdot, T) \equiv 0$;

    (iii) $\dfrac{|v(x, t)|^2}{2} = -\dfrac{n}{2} p(x, t) = \overline{e}(x, t)$ pour tout $t \in]0, T[$ et presque tout $x \in \Omega$;

    (iv) $\displaystyle\sup_{0 \leq t \leq T} \|v(\cdot, t)\|_{H^{-1}(\mathbb{R}^n)} \leq \eta$.

En outre,

    (v) $(v, p) = \displaystyle\lim_{k \to \infty}(v_k, p_k)$ dans $L^2(dx\, dt)$,

où chaque (v_k, p_k) est un couple de fonctions C^∞ à support compact, solution classique de l'équation d'Euler avec un forçage $f_k \in C^\infty_c(\mathbb{R}^n \times \mathbb{R}; \mathbb{R}^n)$ bien choisi, $f_k \longrightarrow 0$ au sens des distributions.

CHAPITRE 16

Princeton, le 25 février 2009

Tranquille, la vie à Princeton ! La forêt, les écureuils gris, l'étang, le vélo.

Et la bonne cuisine ! L'autre jour nous avons eu un filet d'espadon grillé, bien tendre et bien assaisonné, du velouté de citrouille comme à la maison, un dessert fondant aux mûres et à la crème...

À peine sommes-nous remis du repas de midi, voici que sonnent 15 heures : c'est le moment d'aller boire un thé dans le vénérable Fuld Hall, à l'entrée de l'IAS, tout en dégustant des gâteaux faits maison qui changent tous les jours. Les madeleines tout particulièrement me font craquer, elles ne sont pas moins délectables que celles que je préparais pour mes voisins et voisines de l'internat, il y a quinze ans.

Il est vrai qu'ils ont une faiblesse au niveau du pain, et que la baguette craquante ne se trouve guère à Princeton ; mais la lacune la plus flagrante au niveau des produits de première nécessité, celle qui fait souffrir toute la famille, c'est le piètre niveau du fromage ! Où sont les comtés fruités, les roves délicats, les échourgnacs parfumés, les brillat-savarins moelleux ? où trouver tendres navettes, piquantes olivias et indestructibles mimolettes ?

Ce mois-ci j'ai fait un bref séjour sur la Côte Ouest, à Berkeley, pour une visite éclair au Mathematical Sciences Research Institute – le MSRI, en abrégé – le leader mondial des instituts d'accueil et de rencontres de mathématiciens. J'étais tout ému en retrouvant cette ville dans laquelle j'ai vécu pendant cinq mois en 2004 !

Et bien sûr je n'ai pas manqué de faire un tour au Cheeseboard, mon endroit préféré à Berkeley, une coopérative fromagère basée sur des principes socialistes qui vont bien avec la légende locale, et où l'on trouve une sélection de fromages à faire pâlir nombre de fromagers français.

Au Cheeseboard, j'ai fait le plein, et j'ai pu acheter des roves, je savais que les enfants se jetteraient goulûment dessus. Je me suis ouvert aux vendeurs de l'indigence fromagère du New Jersey ; on m'a exhorté à aller faire un tour chez Murrays à New York. Ainsi soit-il !

En France, l'équivalent du Mathematical Sciences Research Institute, c'est l'Institut Henri Poincaré, IHP pour les intimes, fondé en 1928 grâce aux mécènes Rockefeller et Rothschild. Voilà deux mois déjà que le conseil d'administration de l'IHP m'a adoubé nouveau directeur de cet institut – à l'unanimité, m'a-t-on dit. Mais je n'ai pas encore accepté, j'ai posé un certain nombre de conditions, et cela prend du temps à décanter, beaucoup de temps.

Il y a quatre mois que j'ai été approché pour ce poste de directeur. Passé le moment de surprise, je me suis dit que ce serait une expérience intéressante et j'ai accepté de candidater. Je n'en ai pas parlé à mes collègues de l'ENS Lyon, de peur qu'ils ne le prennent mal... Pourquoi accepter un poste de directeur d'institut après avoir refusé un poste de directeur de laboratoire ? Pourquoi partir à Paris alors que je me suis épanoui à Lyon ? Et de nos jours, qui souhaite être directeur d'un laboratoire scientifique, accablé de tâches administratives, ployant sous les règles qui sont chaque année plus contraignantes ?

Que c'était naïf, de croire que ma candidature pourrait rester secrète ! Pas en France... Les collègues lyonnais l'ont vite appris, et ils n'en sont pas revenus. C'était tellement incongru, un chercheur de mon âge envisageant de prendre un poste réputé si lourd, ils se sont dit que je leur cachais quelque chose, qu'il y avait un secret personnel derrière cette candidature.

Pas de secret, non, juste une sincère envie de relever le défi. Mais seulement dans de bonnes conditions ! Or les nouvelles ne sont pas très encourageantes, les discussions en France semblent s'enliser... Alors, débarquement à Paris ou retour à Lyon ?

Peut-être ni l'un ni l'autre. Fromage ou pas, la vie ici est très agréable, et on me propose de rester encore un an à Princeton, voire plus si affinités, avec d'excellentes conditions financières et matérielles. En prime, Claire a repris du service en recherche, elle cartonne aux cours doctoraux en géosciences à l'Université de Princeton, où elle s'est intégrée à une équipe qui travaille sur une nouvelle découverte extraordinaire – il pourrait s'agir des plus anciens fossiles d'animaux connus, rien que ça ! Le directeur de l'équipe l'exhorte à se lancer dans un stage postdoctoral. De toute façon, en me suivant à Princeton elle a perdu son poste d'enseignante à Lyon, et il est déjà trop tard pour participer au prochain mouvement des enseignants : tout cela n'incite pas vraiment au retour. Pour elle, rester ici serait certainement plus simple et plus gratifiant.

Dans ces conditions, difficile de résister aux sirènes princetoniennes. Bien sûr, je ne peux envisager de m'installer définitivement dans un pays qui a tant de retard sur la qualité du pain... mais pour quelques années, pourquoi pas ? Après tout, s'ils sont incapables de me faire une bonne proposition à Paris, je n'y peux rien !

Tout cela tourne et remue dans ma tête depuis des semaines, et précisément cette nuit, je me suis résolu à envoyer un mail en France pour décliner la direction de l'IHP.

Mais ce matin, quand j'ouvre ma boîte aux lettres électronique, c'est le coup de théâtre : ça y est, toutes mes conditions sont acceptées ! OK pour le complément de salaire, OK pour la décharge d'enseignement, OK pour la prolongation de ma bourse personnelle. Tout cela paraîtrait routine aux États-Unis, mais pour la France c'est un deal extraordinaire. Claire lit attentivement la proposition par-dessus mon épaule.

— S'ils font tout bien comme il faut, tu dois rentrer.

Elle a exprimé ma pensée. Je rentrerai donc en France à la fin du mois de juin ; on dira au revoir à Princeton !

Il faudra prévenir mes nouveaux collègues américains que je ne resterai pas parmi eux. Certains le prendront bien (bon courage Cédric, ça va être passionnant), certains s'inquiéteront pour moi (Cédric, as-tu bien réfléchi, diriger un institut aussi compliqué, c'est la fin de ta recherche), d'autres encore seront horriblement vexés (tel ce célébrissime chercheur à Princeton qui cessera de m'adresser la parole pendant trois mois). Mes relations diplomatiques vont devenir encore plus complexes, aux États-Unis comme en France.

Au milieu de la confusion, une certitude : le plus important de tout ce qui est en train de m'arriver, c'est le travail en cours avec Clément.

*

Situé sur le Campus Pierre et Marie Curie, l'Institut Henri Poincaré (IHP), « Maison des Mathématiques et de la Physique théorique », a été fondé en 1928 pour délivrer les mathématiques françaises de leur isolement de l'époque ; il devint rapidement un haut lieu de la formation scientifique et de la culture françaises. Einstein y a enseigné la relativité générale et Volterra y a introduit en France l'analyse mathématique de la biologie. L'IHP a aussi abrité le premier institut français de statistique, et le premier projet d'ordinateur français. Même les artistes l'ont fréquenté, puisque les surréalistes aimaient y trouver l'inspiration, comme en attestent photographies et toiles de Man Ray.

Lieu de formation mathématique de l'Université de Paris dans les années 50 et 60, tombé en désuétude dans les années

1970, l'IHP fut rénové et refondé au début des années 1990 pour prendre sa forme actuelle : à la fois école interne de l'Université Pierre et Marie Curie (UPMC) et instrument de politique scientifique nationale soutenu par le Centre National de la Recherche Scientifique (CNRS). La gestion de proximité par une très grande université met l'IHP à l'abri des aléas et lui assure un suivi par une équipe importante (technique et administrative) qu'un institut de cette taille ne pourrait héberger. Le soutien du CNRS lui apporte des moyens supplémentaires et lui permet de bénéficier d'un réseau national de compétences.

L'IHP remplit des fonctions multiples : lieu d'échanges scientifiques nationaux et internationaux, il accueille des programmes thématiques, des cours doctoraux de haut niveau, et d'innombrables colloques et séminaires. Il a un rôle fédérateur pour les universités françaises et sert d'ambassade des mathématiques françaises auprès de la société. La richesse de la vie scientifique parisienne entretient dans ses locaux un foisonnement mathématique sans pareil sur la scène internationale. Le conseil d'administration de l'IHP, en partie élu par un scrutin national, comprend des représentants de nombreuses institutions scientifiques françaises ; son conseil scientifique, totalement indépendant, est constitué de personnalités scientifiques de premier plan. Ses locaux historiques, sa bibliothèque de référence, son expertise dans l'invitation de chercheurs étrangers, son partenariat étroit avec les sociétés savantes et autres associations consacrées aux mathématiques, sont autant d'éléments qui contribuent à son rayonnement.

Extrait d'une note de synthèse sur l'Institut Henri Poincaré (C. Villani, septembre 2010).

CHAPITRE 17

Les enfants sont revenus de l'école, construisent des cabanes et observent les écureuils sur la pelouse...

Mais à l'autre bout du fil, Clément est moins serein.

— La stratification des estimations permet de résoudre certains des problèmes que j'évoquais... mais il en reste plein !

Bon, en tout cas on avance.

— J'ai bien étudié le Alinhac–Gérard, et il y a un gros souci dans les estimations : il faudrait un peu de marge de régularité pour avoir la convergence vers zéro du terme de régularisation, et en prime la régularisation pourrait tuer la convergence bi-exponentielle du schéma.

— Moui, j'avais pas fait attention à ça. Tu es sûr qu'on perd le taux de convergence du Newton ? Bon, on va bien trouver.

— Et les constantes de régularisation dans l'analytique sont monstrueuses !

— Bon, effectivement c'est inquiétant ces constantes exponentielles, mais on va s'en sortir aussi, là je suis confiant.

— Et puis de toute façon ces constantes elles exploseront trop vite pour être tuées par la convergence du schéma de Newton ! Parce qu'il faut régulariser le background pour gérer l'erreur créée par la fonction b, elle est en l'inverse du temps, mais il y a une constante, et cette constante doit permettre de contrôler les normes qui viennent du scattering...

or ces normes croissent au cours du schéma, puisqu'on veut des pertes sommables sur λ !

— Bon, effectivement je suis d'accord qu'on ne voit pas trop encore comment faire. Mais je suis confiant, on va s'en sortir !

— Attends, tu y crois encore, vraiment, qu'on va s'en sortir par régularisation ?

— Mais oui, là on est dans les détails techniques, mais globalement quand même on a drôlement avancé ! On a compris le coup des résonances et de l'écho plasma, on a compris le principe du time cheating, on a des bonnes estimées de scattering, on a les bonnes normes, on y est presque !

Ce jour-là Clément a dû me prendre pour un optimiste pathologique, de ceux dont on dit qu'ils sont fous à lier, qui continuent à espérer contre toute attente alors qu'aucune issue n'est en vue. La nouvelle impasse semble terrible, mais j'y crois encore. Il faut dire qu'au cours des trois dernières semaines nous avons déjà été trois fois dans des impasses, et à chaque fois nous avons réussi à trouver une issue de secours. Il est vrai aussi que les obstacles qui semblaient vaincus sont revenus nous narguer sous une forme différente... Décidément, l'amortissement Landau non linéaire, c'est l'Hydre de Lerne ! Mais ce jour-là, je suis convaincu, envers et contre tout, que rien ne pourra nous arrêter. *Mon cœur vaincra sans coup férir.*

*

```
Date:  Mon, 2 Feb 2009 12:40:04 +0100
Subject:  Re:  global-10
From:  Clement Mouhot <cmouhot@ceremade.dauphine.fr>
To:  Cedric Villani <Cedric.VILLANI@umpa.ens-lyon.fr>

Je te donne des remarques au fil de l'eau :

- pour les normes a deux shifts, pour le moment je
reste confiant, je suis en train de regarder en detail
le scattering pour voir si les estimations que j'ai
```

sont suffisantes pour le passer en normes a deux
shifts,

- ok sur la section 5, ca s'emboite effectivement
nickel le transfert de regularite + gain de
decroissance, ca fait un truc tres joli ! Si je
comprends l'apport de la partie "gain de decroissance"
c'est de reporter le "gros" decalage sur le shift sur
une seule des fonctions (ca devient un decalage entre
les deux shifts de la norme a deux shifts), en esperant
qu'en appliquant ca au champ cree par la densite, ca
sera indolore ?

- sur la section 6, ok sur l'idee generale et les
calculs, mais (1) je ferais plutot sans sommer
les series en k et l car les coefs m'ont pas l'air
sommables (pas grave), (2) pour pouvoir prendre
epsilon petit dans les hypotheses du theo. 6.3, il
me semble necessaire d'avoir c petit aussi, est-ce
verifie dans la suite ? D'autres remarques a suivre...
amicalement, clement

Date: Sun, 8 Feb 2009 23:48:32 -0500
From: Cedric Villani <Cedric.VILLANI@umpa.ens-lyon.fr>
To: Clement Mouhot <cmouhot@ceremade.dauphine.fr>
Subject: news

Alors, deux bonnes nouvelles :

- la lecture des articles sur l'echo plasma montre
que ce phenomene est cause par precisement les
memes "resonances" qui posent tant de souci dans la
section 6. En fait j'ai ete d'autant plus bluffe
qu'ils utilisent des notations presque identiques, avec
un \tau... Cela me renforce dans la conviction que
le danger identifie dans la section 6 est physiquement
significatif, en bref il s'agit de savoir si les ECHOS
AUTOCONSISTANTS dans le plasma vont s'accumuler pour
detruire peu a peu le damping.

- je crois que j'ai trouve la bonne facon de
traiter le terme \ell = 0 que j'avais mis de cote
"provisoirement" dans la section 5 (dans \sigma_0
du Theoreme 5.8 : on l'estime comme le reste, mais
on garde tous les termes, et on utilise le fait que
\| \int f(t,x,v) dx \| = O(1) en temps grand (ou plutot

109

$\| \int \nabla_v f(t,x,v) \, dx \| = O(1))$ Ceci N'EST PAS
une consequence de notre estimee sur $f(t,x,v)$ dans
la norme glissante, c'est une estimee en plus. Pour
une solution du transport libre, $\int f(t,x,v) \, dx$ est
preserve au cours du temps, donc c'est parfaitement
raisonnable. Quand on ajoute le scattering, ca ne
sera plus $O(1)$, mais $O(t-\tau)$ ou quelque chose comme
ca, et alors ce doit etre tue par la decroissance
exponentielle en $t-\tau$ que j'ai gardee dans la
presente version du Theoreme 5.8.

Les modifications que j'ai faites dans la version
ci-attachee sont :

* modifications dans les sections 1 et 2 pour bien
rendre compte de ces papiers sur l'echo plasma
(j'avais pas bien compris quelle etait l'experience,
et probablement tous les matheux sont passes a cote de
l'importance majeure de ce truc, la je crois qu'on a
des kilometres d'avance sur les autres)

* ajout d'une sous-section a la fin de la section 4
pour preciser quelles sont les normes en temps avec
lesquelles on va travailler; j'y mentionne cette
histoire de regularisation par moyenne spatiale, qui
est d'ailleurs egalement coherente avec les sources
indiquees par Kiessling

* modifications dans la section 5 pour tenir compte du
traitement du terme $\ell=0$

* ajout d'une reference sur l'experience plasma

Une CONSEQUENCE IMPORTANTE est que dans la section 8 il
faudra non seulement propager la regularite glissante
sur f, mais aussi propager la regularite (en v)
uniforme (en t) sur $\int f \, dx$.

Je n'ai fait aucune modif dans la section 7 mais
comme tu as du le comprendre, ce que j'ai mis dans
la section 7.4 "Ameliorations" est perime, au sens
ou je l'ai ecrit avant d'avoir realise que c'etait la
difference $(\lambda \tau + \mu) - (\lambda' \tau' + \mu')$, ou quelque chose du meme tonneau, qui devrait
vraiment compter.
Je n'ai pas modifie non plus la section 8 mais il y a
plein de trucs que j'avais ecrits qui sont aussi caducs
au sujet du "zero mode" de f_τ.

Quelles nouvelles de ton cote ? Maintenant tout repose
sur la section 7.
Amities
Cedric

Date: Sat, 14 Feb 2009 17:35:28 +0100
Subject: Re: global-18 final
From: Clement Mouhot <cmouhot@ceremade.dauphine.fr>
To: Cedric Villani <Cedric.VILLANI@umpa.ens-lyon.fr>

Voila donc la version 19 avec une version complete
des enonces des theoremes 7.1 et 7.3 de scattering
en norme hybride a un et a deux shifts. Apparemment
(ouf !) le theoreme de composition avec deux shifts
de la section 4 est suffisant pour la preuve. Ca a
l'air de tourner mais il faut que tu verifies bien, la
version a deux shift est encore une horreur. J'ai pas
integre encore la correction Sobolev, mais ce point
est surement moins dangereux. Sinon j'ai modifie un
truc (y compris dans le theoreme a un shift) : les
estimations sur les pertes d'indices et d'amplitude
sont maintenant non seulement uniformes, mais tendent
vers 0 en $\tau \to +\infty$, comme demande dans la
section 8. Et ces pertes sont en $O(t-\tau)$ pour
$(t-\tau)$ petit. Je m'y remets demain, pour ajouter
la correction Sobolev, et completer la section 8 en
fonction de la section 7.
Amicalement, clement

Date: Fri, 20 Feb 2009 18:05:36 +0100
Subject: Re: Version 20 en cours
From: Clement Mouhot <clement.mouhot@ceremade.dauphine.fr>
To: Cedric Villani <Cedric.VILLANI@umpa.ens-lyon.fr>

Voici la version 20 toujours en cours avec le theoreme
stratifie a deux shifts complet. Il y a maintenant
un probleme de fond par rapport au theoreme 5.9 :
b ne peut pas tendre vers 0 au cours du schema de
Nash-Moser dans ces resultats (comme demande dans le
theoreme 5.9) car il sert a corriger un terme d'erreur
du au scattering lui-meme, qui ne tend pas vers zero
vu qu'il est lie au champ... Je regarde maintenant en
detail le theoreme 5.9.
amicalement,

clement

CHAPITRE 18

Princeton, le 27 février 2009

Aujourd'hui, c'est un peu la fête à l'Institut : un colloque d'équations aux dérivées partielles géométriques. Très beau casting, avec de nombreuses vedettes : tous les orateurs pressentis ont accepté l'honneur de venir parler à Princeton.

Dans la salle de conférences, je me suis installé tout au fond, debout derrière le grand bureau qui sert à l'occasion de régie. C'est la meilleure place, je l'ai piquée à Peter Sarnak, l'un des professeurs permanents de l'Institut. Ici je suis sûr de rester bien en éveil, et je peux étaler mes brouillons sur le bureau, alors que les assis, moins protégés de l'assoupissement, doivent se contenter d'une petite tablette.

Tout en écoutant le conférencier, j'arpente à l'occasion le fond de la salle en chaussettes. C'est idéal pour activer les idées.

À la pause, je me précipite, toujours en chaussettes, vers mon bureau à l'étage. Coup de fil à Clément.

— Clément, tu as vu mon message d'hier, et le nouveau fichier ?

— Le nouveau schéma que tu obtiens en écrivant d'abord la formule des caractéristiques ? Oui, je vois le truc, j'ai commencé à écrire des calculs, mais ça m'a l'air assez monstrueux.

Décidément, le mot « monstrueux » revient sans cesse dans nos conversations...

— Je sens venir des problèmes de convergence, reprend Clément. J'ai peur même pour le schéma de Newton et les termes d'erreur de linéarisation. Et puis il y a un autre truc plus technique, c'est que dans tous les cas tu auras le scattering de l'étape précédente qui n'est pas petit !

Je suis vexé que ma brillante idée ne l'ait pas convaincu.

— Bon, on va voir, si ça marche pas tant pis, on reste avec le schéma actuel.

— En tout cas c'est flippant, on a déjà écrit plus de cent pages de démonstration, et on y est toujours pas ! ! Tu crois vraiment qu'on va y arriver ?

— Patience, patience, on y est presque...

En bas, la pause est finie, je redescends en hâte pour profiter de la suite du colloque.

*

Les équations aux dérivées partielles (EDP) sont des relations entre les taux de variation de certaines quantités en fonction de différents paramètres. Il s'agit d'un des domaines les plus dynamiques et variés des sciences mathématiques, défiant toute tentative d'unification. Les EDP se retrouvent dans tous les phénomènes de la physique des milieux continus, et concernent tous les états de la matière : gaz, fluides, solides, plasmas ; ainsi que toutes les théories physiques : classique, relativiste, quantique, etc.

Mais les équations aux dérivées partielles se retrouvent aussi derrière de nombreux problèmes géométriques ; on parle alors d'EDP géométriques. Elles permettent de déformer des objets géométriques selon des lois bien déterminées. Dans ce domaine, on applique un mode de pensée analytique à un problème de géométrie : mélange des genres qui est devenu de plus en plus fréquent tout au long du vingtième siècle.

Le colloque de février 2009 à Princeton abordait trois thèmes principaux : les géométries conformes (des changements de géométries qui distordent les distances mais préservent les angles) ; le transport optimal (comment transporter de la masse d'une configuration initiale prescrite à une configuration finale également prescrite, en dépensant le moins d'énergie possible) ; et les problèmes de frontière libre (où l'on recherche la forme de la frontière qui sépare deux états de la matière, ou deux matériaux). Trois domaines qui touchent aussi bien à la géométrie et à l'analyse qu'à la physique.

Dans les années 50, John Nash avait en son temps bouleversé les équilibres entre géométrie et analyse, quand il avait découvert que le problème géométrique abstrait du plongement isométrique pouvait se résoudre par des techniques de décorticage fin d'équations aux dérivées partielles.

Il y a quelques années, pour résoudre la conjecture de Poincaré, Grigori Perelman utilisa une EDP géométrique appelée flot de Ricci, inventée par Richard Hamilton. Cette résolution analytique d'un problème emblématique de la géométrie a bouleversé à nouveau les équilibres entre disciplines, et provoqué un essor sans précédent en faveur des EDP géométriques. La bombe de Perelman résonne comme un écho de celle de Nash, à cinquante ans de distance.

CHAPITRE 19

Princeton, le 1ᵉʳ mars 2009

Incrédule, je lis et relis le message qui vient de s'afficher sur l'écran de mon ordinateur.

Clément a un nouveau plan ? Il ne veut plus faire de régularisation ? Il ne veut plus regagner la perte de régularité encodée dans le décalage en temps ?

D'où il sort ça ? Depuis plusieurs mois on a en tête de faire tourner un schéma de Newton avec régularisation, comme dans Nash–Moser ; et maintenant Clément me dit que c'est un schéma de Newton sans régularisation qu'il faut faire ! ? Et il dit qu'il faut estimer le long des trajectoires, en gardant le temps initial et le temps final, avec *deux temps* différents ? ?

Pourquoi pas, après tout. Mais quand même ! Cédric, il faut faire attention, les jeunes sont redoutables, tu es en train de te faire dépasser !

D'accord, c'est inéluctable, les jeunes finissent toujours par vaincre... mais... déjà ?

Remettons les larmoiements à plus tard, pour l'instant il faut essayer de comprendre ce qu'il a voulu dire. Enfin, c'est quoi cette histoire d'estimations, pourquoi faudrait-il garder la mémoire du temps initial ?

Au bout du compte, Clément et moi on se sera bien partagé les trouvailles sur ce projet : à moi les normes, les estimations de déflexion, la décroissance en temps grand et les

117

échos ; à lui le time cheating, la stratification des erreurs, les estimations à deux temps et le procédé sans régularisation. Et puis il y a l'idée des normes glissantes, née d'une séance de travail en commun, et dont on ne sait pas vraiment à qui elle est due... Sans parler bien sûr des centaines de petites astuces.

Et si on y repense, c'était pas si mal, qu'on ait divergé en milieu de projet : pendant un mois ou deux chacun était braqué sur sa propre idée et restait sourd aux arguments de l'autre, mais maintenant on a compris qu'il fallait marier les deux points de vue.

En tout cas, si Clément a raison, le dernier grand verrou conceptuel vient de sauter. En ce dimanche 1ᵉʳ mars notre entreprise entre dans une nouvelle phase, plus fastidieuse mais plus sûre. Le schéma d'ensemble est en place, c'est la fin de l'exploration tous azimuts. Maintenant il faut consolider, renforcer, vérifier, vérifier, vérifier... Ce sera le moment de mettre en œuvre notre puissance de feu en analyse !

Bien plus tard, Clément m'avouera que durant ce week-end il s'était résolu à tout arrêter. Samedi matin il a commencé à rédiger un message sinistre : « Tout espoir est perdu... l'écueil technique en face de nous est insurmontable... aucune piste en vue... j'abandonne. » Mais il a reculé le moment d'envoyer, il a voulu chercher les mots pour me convaincre et me réconforter, il a mis son message en réserve. Le soir venu, quand il a repris sa rédaction, armé d'une feuille et d'un crayon pour se remettre en tête les pistes infructueuses, il a vu avec stupéfaction la bonne tactique s'ouvrir devant lui. Le lendemain, levé à 6 heures du matin après quelques heures de sommeil agité, il a tout réécrit pour mettre au propre l'idée clé qui doit nous tirer de l'ornière.

Ce jour-là on est passés à un cheveu de l'abandon du projet. Plusieurs mois de travail ont failli disparaître – au mieux au réfrigérateur, au pire en fumée.

Mais de l'autre côté de l'Atlantique, je ne soupçonne pas qu'on a frôlé la catastrophe, tout ce que je vois, c'est l'enthousiasme qui transpire dans le message de Clément.

Demain je garde les enfants, il n'y a pas école à cause de la tempête de neige ; mais dès le lendemain, ça va barder, il n'a qu'à bien se tenir, le Problème. Je vais emmener Landau avec moi partout, dans les bois, sur la plage, dans mon lit, ça va être sa fête.

En février 2009 j'ai échangé avec Clément une bonne centaine de mails ; en mars ce sera plus de 200.

*

```
Date:  Sun, 1 Mar 2009 19:28:25 +0100
Subject:  Re: global-27
From:  Clement Mouhot <cmouhot@ceremade.dauphine.fr>
To:  Cedric Villani <Cedric.VILLANI@umpa.ens-lyon.fr>
```

Peut-etre un espoir sur une autre piste : ne pas regulariser mais essayer de propager la norme a un shift dont on a besoin a chq etape du schema, mais le long des caracteristiques de l'etape precedente. Donc dans l'ordre on estimerait au rang n (j'ecris pas a chaque fois les pertes sommables sur lambda et mu) :

1) norme F de la densite ρ_n d'indice lambda t + mu

2) norme Z de la distrib h_n d'indice lambda, mu et t

3) norme C de la moyenne spatiale $\langle h\_n \rangle$ d'indice lambda

4) norme Z au temps tau avec un shift -bt/(1+b) le long des caracteristiques (completes) $S_{t,tau}$ de l'ordre n-1. On derive en tau pour obtenir une equation sur

$$H\_tau := h^n \_tau \circ S_{t,tau} \,^{n-1}$$

du type (je mets pas les eventuels signes moins)

$$\partial_tau H = (F[h^n] \cdot \nabla f^{n-1}) \circ S_{t,tau} \,^{n-1} + (F[h^{n-1}] \cdot \nabla h^{n-1}) \circ S_{t,tau} \,^{n-1}$$

Donc en gros dans cette equation il n'y a plus du tout le champ et on traite tout le membre de droite comme un terme source, en utilisant les bornes du point 1) sur la densite : On estime la norme Z avec le shift b : sur la densite on traite l'erreur commise a cause

119

des caracteristiques par ce shift (car la norme est projetee sur x) et pour les autres termes on utilise l'hypothese de recurrence du point precedent pour borner les normes en presence.

5) Il faut maintenant avoir une borne (en norme shiftee) sur $f^n \circ S_{t,\tau}^n$ (avec les caracteristiques du bon ordre n), en utilisant la borne de l'hypothese de recurrence (en norme shiftee) sur $f^{n-1} \circ S_{t,\tau}^{n-1}$ Grace au point 4) ci-dessus par addition on obtient une borne sur $f^n \circ S_{t,\tau}^{n-1}$ Puis il faut utiliser qu'on peut borner $f^n \circ S_{t,\tau}^n$ (caracteristiques du cran n) en fonction de $f^n \circ S_{t,\tau}^{n-1}$ (caracteristiques du cran n-1) modulo une perte, sommable quand n tend vers l'infini.

L'idee en general en resume serait :

- Pour estimer la densite, on a pas le choix, il faut des caracteristiques et une norme shiftee (avec un shift d'ordre 1) sur la distribution du cran precedent, le long des caracteristiques du cran precedent,
- Mais une fois qu'on a la borne sur les caracteristiques, on peut travailler le long des caracteristiques et en norme shiftee, car projetes sur la densite, ces deux phenomenes s'annulent.

Un point par contre mis de cote dans ce que je viens de dire c'est le gradient en v sur le background, qui ne commute pas avec la composition par les caracteristiques, mais on pourrait esperer qu'on ait quelque chose comme norme shiftee de $(\nabla_v f^{n-1}) \circ S_{t,\tau}^{n-1}$ plus petit que constante fois norme shiftee de $\nabla_v (f^{n-1} \circ S_{t,\tau}^{n-1})$...

Si tu es dans le coin on peut en discuter au tel je suis chez moi encore une heure : je crois que ca rejoint en bonne partie ton schema, avec la difference de distinguer fondamentalement deux etapes et de regarder les choses le long des caracteristiques que dans un deuxieme temps.

Amicalement, Clement

Date: Mon, 2 Mar 2009 12:34:51 +0100
Subject: Version 29
From: Clement Mouhot <clement.mouhot@ceremade.dauphine.fr>
To: Cedric Villani <Cedric.VILLANI@umpa.ens-lyon.fr>

Donc voici une version 29, ou j'ai vraiment essaye
d'implementer la strategie dont je te parlais hier :
c'est dans la section 9 de stabilite lineaire que
j'ai entierement reecrite, et les sous-sections 11.5
et 11.6 de la section du schema de Newton ou j'ai mis
les grandes lignes de l'etude de convergence. Sauf
grosse erreur, j'ai vraiment l'impression qu'on arrive
au but !!

CHAPITRE 20

Princeton, le 11 mars 2009

De retour de la savoureuse cantine. Conversation pleine d'entrain, de mathématique et de ragots.

Aujourd'hui Peter Sarnak était attablé en face de moi, je l'ai lancé sur son patron, Paul Cohen, celui qui a prouvé l'indécidabilité de l'hypothèse du continu avant de se tourner vers d'autres horizons mathématiques, celui pour qui le jeune Peter, en quête du frisson de la recherche, a quitté son Afrique du Sud natale. Avec son enthousiasme bien connu, Peter avait évoqué Cohen et son goût pour la résolution de problèmes *ex nihilo*, sans s'appuyer sur les travaux des autres.

Peter Sarnak

— Cohen ne croyait pas aux mathématiques incrémentales !

— Incrémentales ?

— Oui, il pensait que la mathématique progresse par sauts brusques. Toi et moi, comme les autres, on progresse surtout en améliorant d'autres travaux, mais pas Cohen ! Il ne fallait pas lui parler d'améliorer quelque chose, on se serait fait rembarrer. Il ne croyait qu'aux révolutions.

Toujours un plaisir d'être à côté de Peter. À table il y avait aussi mon jeune voisin de bureau, Emanuel Milman, israélien, jeune étoile montante de la géométrie des convexes. Fils, petit-fils et neveu de mathématiciens, Emanuel est récemment devenu papa. D'un futur mathématicien ? En tout cas il parle avec autant d'enthousiasme de ses espoirs mathématiques que de son merveilleux rejeton.

Près d'Emanuel, il y avait Sergiu Klainerman, qui a fui la Roumanie communiste dans les années 70. Sergiu est devenu mondialement célèbre quand il a prouvé, avec le phénoménal mathématicien grec Demetri Christodoulou, un résultat fondamental de Relativité Générale, dans une démonstration-fleuve de 500 pages. J'aime beaucoup discuter avec Sergiu de mathématique, de politique et d'écologie, tous sujets sur lesquels nos sensibilités divergent souvent.

Et puis si la conversation était si animée à notre table, c'était aussi grâce à Joel Lebowitz, qui malgré ses quatre-vingts ans sonnés déborde toujours d'énergie. Joel s'intéresse à tout, veut tout savoir, et si on le branche sur la physique statistique, son domaine de prédilection, il est intarissable.

Joel Lebowitz

Je profite de ce que Joel est là pour lui demander d'expliquer à Emanuel le problème de la transition de phase d'un gaz de sphères dures. Simple à poser, fondamental, et défiant l'imagination de toute la communauté de la physique statistique depuis un demi-siècle.

Après tout, n'est-ce pas inadmissible qu'en 2009 on ne sache toujours pas expliquer le mystère du changement d'état : pourquoi un liquide se change-t-il en gaz quand on le chauffe, pourquoi se transforme-t-il en solide quand on le refroidit ? Qui sait, un jeune comme Emanuel pourrait avoir une nouvelle idée...

Après la pause du repas, tous les problèmes en cours me reviennent en tête. Il y a toujours des questions administratives à régler du côté de l'Institut Poincaré, ou plutôt de mon rattachement lyonnais que je souhaite conserver tout en exerçant mon mandat de directeur. Au labo, ma grande complice Alice Guionnet défend mes intérêts, mais tout est si compliqué... Et j'ai une série de séminaires à préparer, et surtout, l'amortissement Landau ne tient toujours pas debout ! Dans les dix derniers jours, Clément et moi, nous avons rédigé dix nouvelles versions de notre article ; la dernière en date porte le numéro 36 et compte 130 pages. Nombre de fautes ont été repérées et réparées, une section très instructive de contre-exemples a été ajoutée, mon collègue lyonnais Francis Filbet nous a fourni de merveilleuses images d'amortissement Landau réalisées par ordinateur. Mais il reste tant à faire ! Alors dans ma tête ça récapitule en sourdine : *il faut affiner les estimations sur les caractéristiques et faire passer le supremum à l'intérieur de la norme, se concentrer sur les @!*# interactions coulombiennes, ajouter un indice de correction de régularité Sobolev un peu partout (sept indices, porca miseria !), garder la stratification dans l'exponentielle le long du schéma de Newton, faire tourner l'énorme récurrence...*

Mais l'infatigable Joel m'entraîne dans une séance de travail avec un autre collègue français, et je sens un grand désespoir m'envahir. Il y a tellement de choses sur lesquelles je devrais me concentrer, et voilà plusieurs jours que je travaille jusqu'à deux heures du matin... dans la torpeur de l'après-repas, je suis à peine en état de rassembler mes idées. Impossible de dire non à Joel, mais voyant la séance de travail s'allonger, je craque et j'opte pour un vil subterfuge : je prends congé en déclarant que je dois aller chercher les enfants à l'école (alors qu'aujourd'hui c'est leur maman qui fait le job) ; puis j'attends que les deux confrères partent travailler dans une autre salle, reviens discrètement dans mon bureau, m'allonge à même le sol, m'endors et laisse mon cerveau tourmenté remettre ses pensées en ordre.

Sitôt réveillé, je me remets au travail.

*

Paul Cohen, jeune collègue et rival ambitieux de Nash à Princeton, est l'un des esprits les plus créatifs du vingtième siècle. Son plus grand titre de gloire est la solution de l'hypothèse du continu, aussi appelée problème du cardinal intermédiaire. Cette énigme, qui faisait partie de la liste des 23 problèmes phares énoncés par Hilbert en 1900, était à l'époque considérée comme l'une des plus importantes en mathématique ; sa résolution lui vaudra bien évidemment la médaille Fields, en 1966.

Pour expliquer l'hypothèse du continu, quelques rappels seront utiles. Les nombres entiers (1, 2, 3, 4, ...) sont en nombre infini, bien sûr. Les nombres fractionnaires (1/2, 3/5, 4/27, 53417843/14366532, ...) aussi. Les nombres fractionnaires semblent plus nombreux que les nombres entiers, mais ce n'est qu'une illusion : on peut dénombrer les fractions, par exemple

1, 1/2, 2/1, 1/3, 3, 1/4, 2/3, 3/2, 4, 1/5, 5, 1/6, 2/5, 3/4, 4/3, 5/2, 6, ...

et ainsi de suite en augmentant peu à peu la somme (numérateur + dénominateur) – comme l'explique si bien Ivar Ekeland dans son réjouissant conte, Le Chat au pays des nombres. *Il n'y a donc pas plus de nombres fractionnaires que de nombres entiers, il y en a exactement autant.*

En revanche, si l'on se tourne vers les nombres réels, ceux qui s'écrivent avec une infinité de décimales (ce sont aussi les limites de nombres fractionnaires), alors un magnifique argument dû à Cantor montre que ceux-là sont en quantité bien plus grande, il est impossible de les compter.

Nous avons donc une quantité infinie de nombres entiers, et une quantité infinie encore plus grande de nombres réels. Alors, existe-t-il un infini qui soit à la fois plus grand que celui des entiers et plus petit que celui des nombres réels ?

Des générations de logiciens se sont cassé les dents sur ce problème, certains cherchant à montrer que oui, cet infini intermédiaire existe ; d'autres au contraire que non, il n'existe pas.

Paul Cohen n'était pas spécialiste de logique, mais croyait au pouvoir de son cerveau ; un jour il se mit à travailler à ce problème, et à la stupéfaction générale montra que la réponse n'est ni oui, ni non. Il existe un monde mathématique avec un infini intermédiaire, il existe aussi un monde mathématique sans infini intermédiaire, et c'est à nous de choisir lequel nous souhaitons. L'un ou l'autre sera juste, si on le désire.

*

Joel Lebowitz est le pape de la physique statistique, la science qui cherche à découvrir les propriétés des systèmes constitués d'un très grand nombre de particules. Gaz fait de milliards de milliards de molécules, populations biologiques faites de millions d'individus, galaxies faites de centaines de milliards d'étoiles, réseaux cristallins faits de milliards de milliards d'atomes... ils sont nombreux, les problèmes qui relèvent de la physique statistique ! Et depuis presque soixante ans, Joel met son énergie inépuisable au service de sa passion, travaillant sans relâche avec ses collègues mathématiciens et physiciens. Avec deux sessions par an depuis plus d'un demi-siècle, la série de colloques qu'il a mise en place est certainement la plus ancienne et la plus fournie de toutes les séries organisées par un chercheur en activité.

Né en Tchécoslovaquie il y a plus de quatre-vingts ans, Joel a eu une vie tellement remplie, de bons et de mauvais souvenirs. Sur son avant-bras un numéro est tatoué, il n'en parle jamais. Dans toutes les compagnies, Joel est le premier à rire et à boire, et à discuter de physique statistique bien sûr, sur tous les airs et sur tous les tons. On devrait mesurer l'énergie des gens en milli-Joels, en millièmes de Joel, disait l'un de nos confrères en riant : un millième de l'énergie de Joel c'est déjà bien. Ou peut-être même un pico-Joel, en y réfléchissant.

*

```
Date:  Mon, 9 Mar 2009 21:42:10 +0100
From:  Francis FILBET <filbet@math.univ-lyon1.fr>
To:  Cedric Villani <Cedric.VILLANI@umpa.ens-lyon.fr>
Cc:  Clement Mouhot <cmouhot@ceremade.dauphine.fr>
```

Hello

Voila le resultat du week-end. Des petits films, c'est pas grand chose (ca vaut pas un Desplechin) : dans la partie simul numerique de particules chargees.

http://math.univ-lyon1.fr/~filbet/publication.html

C'est le cas plasma. J'ai pas encore change le signe pour le cas gravit mais je suis tres etonne par ce que tu dis. Je pense qu'il faut un fond neutralisant pour garder un potentiel periodique i.e. \int_0^L E(t,x)dx= 0 lorsque l'on a des cond aux limites periodiques

```
Date:  Mon, 9 Mar 2009 22:11:10 +0100
From:  Cedric VILLANI <Cedric.VILLANI@umpa.ens-lyon.fr>
To:  Francis FILBET <filbet@math.univ-lyon1.fr>
Cc:  Cedric Villani <Cedric.VILLANI@umpa.ens-lyon.fr>,
Clement Mouhot <cmouhot@ceremade.dauphine.fr>
```

Les images sont magnifiques ! C'est tres emouvant de voir "en vrai" les effets des equations sur lesquelles on a bosse "dans l'abstrait"....
Cedric

CHAPITRE 21

Princeton, le 13 mars 2009

Je referme la porte de la chambre des enfants, ma fille glousse encore dans son lit en repensant aux aventures de Goofy, le héros de l'histoire imaginaire du jour. *Dormez petites merveilles, il fera jour demain.*

Dans son lit elle aussi, Claire profite de sa dernière occasion de réviser son japonais avant son départ sur le terrain avec ses collègues géologues, demain à l'aube. C'est le moment propice pour me mettre au travail. Je prépare un thé, j'étale mes brouillons. Encore une montagne de problèmes techniques, qu'on est en train d'abattre au fur et à mesure avec Clément.

Le plus gros morceau de la démonstration, la section 10, est en cours de construction. Il y a ce fichu contrôle du mode zéro, j'en étais sûr, qu'il allait me faire baver. Et je dois exposer le résultat dans dix jours ! Dix petits jours pour faire tenir tout ça debout.

*

```
Date:  Fri, 13 Mar 2009 21:18:58 -0500
From:  Cedric Villani <Cedric.VILLANI@umpa.ens-lyon.fr>
To:  Clement Mouhot <cmouhot@ceremade.dauphine.fr>
Subject:  38 !

En attachement :  la version 38.  Les modifs :

- 2-3 typos corriges par ci par la que tu pourras voir
avec diff en cas de besoin
```

- la section 9 est maintenant complete modulo un
certain nombre de formules, c'est le moment d'etre
courageux et de mener les calculs au bout ! C'est
assez beau de voir comme tous les ingredients
s'emboitent pour aboutir au resultat. L'organisation
de cette section justifie a posteriori le plan de
l'ensemble du papier (en particulier de mettre les
caracteristiques au debut). Quelques repassages
devraient permettre de mettre la section en forme, et
apres ce sera mur pour le choix des constantes (Bonjour
les calculs !)

- j'ai coupe en gros tous les anciens commentaires, en
particulier ceux lies a la regularisation.

- il reste cependant deux trous lies aux moyennes
spatiales !

* le premier concerne la necessite de stratifier
les estimations sur $< \nabla h^k \circ \Om^n >$
(section 9.4). Ceci est delicat, comme je l'explique
dans le fichier, on ne peut pas s'appuyer sur la
recurrence, et on ne peut pas s'appuyer sur de la
regularite car $\Om^n$ est tres peu regulier. La
seule solution que je voie consiste a utiliser de la
regularite Sobolev additionnelle des caracteristiques,
qui elle est propagee uniformement en n. Attention,
c'est de la regularite en vitesse qu'on a besoin, mais
normalement c'est OK, la regularite Sobolev de la force
entraine de la regularite sur toutes les variables. Il
faut gagner exactement une derivee, ce qui veut dire
que Coulomb apparait critique ici aussi........

* le deuxieme c'est le traitement du mode d'ordre 0
dans les estimations de la section 6, ou pour l'instant
cela ne marche pas (constantes trop grandes pour qu'on
continue a verifier le critere de stabilite). Je suis
assez optimiste, je compte recycler mon ancienne idee
d'utiliser le changement de variables du scattering,
et les estimations sur les caracteristiques DIRECTES.
A l'epoque de mes anciennes tentatives, je n'avais pas
les bons ordres de grandeur en tete, on n'avait pas
encore stratifie, bref on etait beaucoup moins bien
armes.

Je propose le partage suivant : d'abord tu t'occupes
de faire converger la section 9 en oubliant les deux

trous ci-dessus; puis tu t'occupes de regler son sort
au premier trou. Pendant ce temps je bosse sur le
deuxieme trou. A priori je ne touche pas au fichier
tex dans les prochains jours.

Pour le cas coulombien : on verra ensuite, je pense
que boucher les trous est prioritaire....

Cette semaine va etre un peu dure pour moi car je
serai seul a gerer les enfants, et en prime il y a des
invites au labo. Mais c'est un peu le sprint final.

Amities

Cedric

CHAPITRE 22

Princeton, nuit du 15 au 16 mars 2009

Installé à même la moquette, entouré de feuilles de brouillon gribouillées, j'écris, je tape avec une exaltation fiévreuse.

Aujourd'hui dimanche j'ai fait attention à ne pas faire de mathématique durant la journée, j'ai commencé par amener les enfants à un brunch chez Alice Chang où l'on côtoyait moult grands noms mathématiques. Professeur à l'Université de Princeton, conférencière plénière au Congrès International des Mathématiciens il y a quelques années, Alice

Alice Chang

est une spécialiste reconnue en analyse géométrique ; c'est elle qui m'a invité à l'IAS pour participer au programme qu'elle y organise cette année.

Ce matin, pendant le brunch, on a discuté d'un peu tout, et par exemple du fameux classement de Shanghai, ce classement de toutes les universités du monde, dont les politiques et les médias français sont si friands. Quand j'ai abordé ce sujet avec Alice, je me suis demandé comment elle allait réagir, elle qui est à la fois professeur dans l'un des départements de mathématique les plus célèbres du monde, et d'origine chinoise. Allait-elle manifester sa fierté devant l'importance qu'a pris ce classement chinois ? Sa réaction m'a désarçonné.

— Cédric, c'est quoi le classement de Shanghai ?

Quand j'ai expliqué de quoi il retournait, elle m'a regardé comme si je marchais sur la tête. Cédric, je ne comprends pas, il est considéré *en France* comme très prestigieux d'être sur ce classement *chinois* ? ? (Coco, tu ne crois pas que tu inverses les rôles ?) J'aimerais bien présenter Alice aux collègues français qui font de la politique, tiens.

Enfin, ce n'est que tard le soir, une fois les enfants couchés, que je me suis mis à travailler. Et là c'est le miracle, tout semble s'enchaîner comme par enchantement ! Tout tremblant je rédige les 6 ou 7 dernières pages, qui, j'en suis persuadé, vont sonner la complétion de la démonstration, du moins pour des interactions plus régulières que l'interaction coulombienne. Il y a de nombreuses chausse-trappes, mais rien qui ne semble surmontable.

À 2 h 30, je vais me coucher, mais ça s'agite tellement dans ma tête que je reste longtemps, longtemps éveillé, les yeux grands ouverts.

À 3 h 30, je sombre dans le sommeil.

À 4 h, mon fils vient me réveiller, il a trempé son lit. Ce n'est pas arrivé depuis des années, il fallait que ça arrive cette nuit...

C'est la vie, en avant, il faut changer les draps et tout le tintouin.

Il y a des fois où tout conspire pour vous empêcher de dormir. Aucune importance !

*

Tout mathématicien digne de ce nom a ressenti, même si ce n'est que quelquefois, l'état d'exaltation lucide dans lequel une pensée succède à une autre comme par miracle... Contrairement au plaisir sexuel, ce sentiment peut durer pendant plusieurs heures, voire plusieurs jours.

André Weil

CHAPITRE 23

Princeton, 22 mars 2009

Finalement, ma solution était encore fausse, il a fallu près d'une semaine pour s'en convaincre. La plus grande partie de la preuve tenait toujours, mais le maudit mode nul continuait à nous narguer... pourtant, on s'approchait !

Depuis Taiwan où il a commencé à présenter nos travaux publiquement, Clément a digéré mes idées, les a incorporées aux siennes et les a cuisinées à sa propre sauce ; puis j'ai tout repris à la mienne.

Maintenant c'est bien plus simple que ma première mouture, et ça marche ! Ça fait un an, jour pour jour, qu'on travaille sur cette démonstration, et pour la première fois elle a vraiment l'air de tenir debout !

Il est temps : j'annonce le résultat à Princeton dans deux jours...

*

```
Date:  Sun, 22 Mar 2009 12:04:36 +0800
Subject:  Re: fignolage
From:  Clement Mouhot <clement.mouhot@ceremade.dauphine.fr>
To:  Cedric Villani <Cedric.VILLANI@umpa.ens-lyon.fr>
```

Ca y est j'ai compris je pense ce que tu avais en tete pour la moyenne en espace !! Et je pense qu'il faut le combiner avec l'idee que je t'ai dit au tel (en fait les deux sont complementaires), voici le plan :

(1) Je pense que le calcul que tu avais en tete pour utiliser la regularite meilleure et stratifiee du

background est le calcul pages 65-66 au debut de la section 6 : dans ce cas (pas de scattering), on peut effectivement utiliser "gratuitement" la marge de regularite sur le background pour creer de la croissance (independamment du niveau de regularite sur le champ de force).

(2) Il s'agit alors de se ramener a ce cas par l'idee que je t'ai dit au tel (le "reste" dont on parlait n'est pas nul, il doit etre traite par (1)) :

a.   on remplace $F[h^{n+1}] \circ \Omega^n _{t,\tau} \circ S^0_{\tau,t}$ par $F[h^{n+1}] \circ S^0 _{\tau,t}$, le reste a une bonne decroissance en temps grace aux estimations sur $\Omega^n - Id$

» il nous reste donc

\int_0 ^t \int_v F[h^{n+1}] \cdot < ((\nabla_v f^n) \circ \Omega^n) > (x-v(t-\tau),v) \, d\tau \, dv

b.   maintenant on effectue l'idee de faire le changement de variable pour remplacer \Omega^n par \Omega^k dans \nabla_v f^n (pour n'importe quel k entre 1 et n) :   on a plus le pb qu'il y avait avec l'application \Lambda car maintenant on ne compose plus \Omega^n X avec (\Omega^n)^{-1} \Omega^k mais on a seulement (\Omega^n)^{-1} \Omega^k, sur qui on a deja des estimations.

c.   on se debarrasse a nouveau de l'application (\Omega^n)^{-1} \Omega^k qu'on a reportee sur F[h^{n+1}] par le meme truc qu'a l'etape a., ce qui cree un nouveau terme de reste gentil qui decroit bien en temps,

» il nous reste donc

\sum_{k=1} ^n \int_0 ^t \int_v F[h^{n+1}] \cdot
  < ((\nabla_v h^k) \circ \Omega^k) (x-v(t-\tau),v) >
  \, d\tau \, dv

d.   maintenant seulement on intervertit le gradient en v avec la composition par scattering :

< (\nabla_v f^n) \circ \Omega^k > = \nabla_v (< f^n \circ \Omega^k >)
+ reste avec bonne decroissance en \tau

» il nous reste donc

$$\sum_{k=1}^n \int_0^t \int_v F[h^{n+1}] (x-v(t-\tau),v) \, \nabla_v U_k (v) \, d\tau \, dv$$

avec des fonctions $U_k (v)$ de regularite λ_k, μ_k.

e. A ce niveau la finalement on applique le calcul (1) des pages 65-66 pour chaque k, ce qui doit donner une estimation stratifiee uniforme.

Dis-moi ce que tu en penses et si tu trouves pareil pour les calculs...

Amicalement, Clement

CHAPITRE 24

Princeton, le 24 mars 2009

Premier séminaire à Princeton. Devant des collègues distingués, précis et surtout devant Elliott Lieb, cordial mais implacable.

Pendant ce temps, Clément est à Taipei, où il expose également nos résultats. Douze heures de décalage horaire, la configuration optimale pour travailler efficacement ! Et on se partage le monde : lui répand la bonne parole en Asie, et moi aux États-Unis.

Cette fois on peut y aller, cela n'a plus rien à voir avec mon séminaire branlant à Rutgers, la démonstration est correcte à 90 % au moins, et tous les ingrédients majeurs sont identifiés ; je suis sûr de mon coup, prêt à résister aux questions et à expliquer la preuve.

Si les résultats font leur petit effet, Elliott n'est pas convaincu par l'hypothèse de conditions aux limites périodiques, qu'il considère comme aberrante.

— Si ce n'est pas vrai dans l'espace tout entier, ça n'a pas de sens !

— Elliott, dans l'espace tout entier il y a des contre-exemples, on est forcé de mettre des limites !

— Oui, mais il faut que le résultat soit indépendant des limites, sinon ce n'est pas physique !

— Elliott, Landau lui-même le faisait avec des conditions aux limites, et il a montré que le résultat dépendait très fortement des limites, tu ne vas pas dire qu'il n'est pas physicien ?

— Mais ça n'a aucun sens !

Ce jour-là, Elliott est monté sur ses grands chevaux. Et il y a Greg Hammett, physicien du Princeton Plasma Physics Laboratory, le PPPL, qui ne digère pas mon hypothèse de stabilité dans le cas des plasmas, trop forte pour être réaliste.

Si j'avais espéré un accueil triomphal, c'est plutôt raté !

*

Elliott Lieb est l'un des plus célèbres et redoutés spécialistes de physique mathématique. Membre du laboratoire de l'Université de Princeton aussi bien en mathématique qu'en physique, il a consacré une partie de sa vie à la quête de la stabilité de la matière : qu'est-ce qui force les atomes à se regrouper, plutôt qu'à rester tranquillement distincts les uns des autres ? Pourquoi sommes-nous des êtres cohérents au lieu de nous dissoudre dans l'univers environnant ? C'est Freeman Dyson, physicien emblématique du vingtième siècle et maintenant professeur émérite à l'IAS, qui posa ce problème en termes mathématiques et le défricha ; il transmit ce virus à d'autres plus jeunes comme Elliott.

Tout entier perdu dans cette quête, Elliott est allé chercher la solution dans la physique, dans l'analyse, dans le calcul des énergies. Il a entraîné avec lui nombre de chercheurs, créé des écoles de pensée. Au passage, il a cueilli des preuves spectaculaires, des pépites qui ont changé la face de l'analyse mathématique.

Pour Elliott, rien ne vaut une bonne inégalité pour comprendre un problème. Une inégalité exprime la domination d'un terme par un autre dans une équation, d'une force par une autre, d'une entité par une autre. Elliott a profondément amélioré certaines inégalités célèbres : inégalités de Hardy–Littlewood–Sobolev, inégalités de Young, inégalités de Hausdorff–Young ; et il a aussi laissé son nom à des inégalités fondamentales, comme les inégalités de Lieb–Thirring ou les inégalités de Brascamp–Lieb, maintenant utilisées par de nombreux chercheurs à travers le monde.

À près de 80 ans, Elliott est toujours actif. Sa ligne irréprochable reflète une hygiène de vie impeccable, ses commentaires acérés sont redoutés de tous. Son visage s'éclaire quand il parle du Japon, d'inégalités ou de cuisine fine (qui en japonais veut aussi dire analyse mathématique).

Elliott Lieb

CHAPITRE 25

Premier avril, le jour des Poissons et des Fous !

Aujourd'hui, toute la famille a regardé un épisode de *Lady Oscar*. Marie-Antoinette, Axel de Fersen et Oscar de Jarjayes ont virevolté dans de grands sentiments, alors que la Révolution française se prépare.

Et le soir, avant de s'endormir, on écoute Gribouille sur YouTube, *Le Marin et la Rose*. Quelle merveille ! L'Internet a du bon.

Au cours de la semaine passée, j'ai compris tant de choses en donnant des exposés sur l'amortissement Landau.

Après mon premier exposé, une fois son irritation retombée, Elliott m'a fait des commentaires valables sur la difficulté conceptuelle associée au modèle coulombien périodique.

Au deuxième exposé, j'ai annoncé les principales idées physiques de la preuve. Elliott a bien apprécié le mélange de mathématique et de physique, il s'est montré bienveillant et intéressé.

Au troisième exposé, j'ai trouvé la solution à la critique de Hammett et j'ai pu annoncer des hypothèses presque optimales sur la condition de stabilité et la longueur de perturbation.

J'ai présenté des résultats tout frais et seulement à moitié cuits, mais la stratégie a été payante : les critiques me

145

permettront de faire progresser mon travail à une vitesse considérable ! Encore une fois, il fallait se mettre en position vulnérable pour devenir plus fort.

Et... j'ai compris, enfin, le lien avec K.A.M. !

Ce sont les liens cachés entre différents domaines mathématiques qui ont fait ma réputation de chercheur. Ces liens sont si précieux ! Ils permettent d'éclairer l'un et l'autre des domaines impliqués, dans un jeu de ping-pong où chaque découverte sur une rive en entraîne une sur l'autre.

À 23 ans, avec mon collaborateur italien Giuseppe Toscani : mon premier résultat important, le lien entre la production d'entropie de Boltzmann, l'équation de Fokker–Planck et la production d'entropie des plasmas.

Deux ans plus tard, avec mon collaborateur allemand Felix Otto : le lien caché entre l'inégalité de Sobolev logarithmique et l'inégalité de concentration de Talagrand. Depuis lors, deux autres démonstrations ont été proposées... Ce travail était le coup d'envoi de mes aventures dans le domaine du transport optimal ; grâce à lui j'ai ensuite été invité à donner un cours de niveau recherche à Atlanta, qui a donné naissance à mon premier livre.

Yves Meyer me l'avait dit, lors de ma soutenance de thèse : *Il y a des relations, dans votre thèse, des identités miraculeuses ! Il y a vingt ans on se serait moqué de ce travail, on ne croyait pas aux miracles !* Mais moi j'y crois, et j'en dénicherai encore d'autres.

Dans ma thèse je reconnaissais quatre pères spirituels – mon directeur Pierre-Louis Lions, mon tuteur Yann Brenier, et puis Eric Carlen et Michel Ledoux dont j'ai dévoré les travaux, qui m'ont ouvert grand les portes du monde des Inégalités. J'avais synthétisé ces quatre influences, mais aussi ajouté d'autres éléments pour créer mon style mathématique propre, qui a ensuite évolué au gré des rencontres.

Trois ans après ma soutenance, avec mon fidèle collaborateur Laurent Desvillettes, je découvrais un improbable lien entre l'inégalité de Korn en théorie de l'élasticité, et la production d'entropie de Boltzmann.

Dans la foulée, je développais la théorie de l'hypocoercivité, fondée sur une nouvelle analogie entre la problématique de la régularisation et celle de la convergence vers l'équilibre, pour des équations aux dérivées partielles dissipatives dégénérées.

Puis ce fut ce lien caché entre le transport optimal et les inégalités de Sobolev, que je mis au jour avec Dario Cordero-Erausquin et Bruno Nazaret ; un lien qui a stupéfié nombre d'analystes croyant bien connaître ces inégalités !

En 2004, professeur invité du Miller Institute à Berkeley, je rencontrai mon collaborateur américain John Lott, alors invité du Mathematical Sciences Research Institute ; ensemble nous avons montré comment utiliser des idées du transport optimal, issues de l'économie, pour aborder des problèmes de géométrie non euclidienne et non lisse, le problème dit de la courbure de Ricci synthétique. La théorie qui en a résulté, parfois appelée théorie de Lott–Sturm–Villani, a fracassé certains murs entre analyse et géométrie.

En 2007, soupçonnant quelque harmonie cachée, je devinais une relation forte entre la géométrie du lieu de coupure tangent et les conditions de courbure nécessaires à la régularité du transport optimal ; un lien qui semblait sorti de nulle part et que j'ai prouvé avec Grégoire Loeper.

À chaque fois c'est une rencontre qui déclenche tout. À croire que je catalyse ! Et puis une ferme croyance en la recherche d'harmonies préexistantes – après tout Newton, Kepler et tant d'autres ont montré l'exemple. Le monde est tellement plein de liens insoupçonnés !

Personne jamais ne suppose
Qu'il y ait le moindre lien
Entre le marin de Formose
Et la rose de Dublin

Et seul un doigt sur la bouche...

Personne non plus ne supposait qu'il y eût un lien entre l'amortissement Landau et le théorème de Kolmogorov.

Enfin si, Étienne Ghys l'avait supposé, trompé ou ensorcelé par je ne sais quel esprit malicieux. Un an après notre conversation, j'ai toutes les cartes en main et je le comprends, maintenant, ce lien !

— Hmmm... Une perte de régularité dans un contexte perturbatif, due à des phénomènes de résonances, est rattrapée par un schéma de Newton exploitant le caractère complètement intégrable du système que l'on perturbe...

Je pouvais toujours chercher, tiens ! Qui aurait été imaginer un truc aussi tordu ? Et d'abord, l'amortissement Landau, qui aurait pu croire que c'était au fond une question de régularité ! ?

Le marin et la rose (Huard)

Y'avait un' fois une rose
Une rose et un marin
L'marin était à Formose
La rose était à Dublin

Jamais au monde ils n'se virent
Ils étaient beaucoup trop loin
Lui quittait pas son navire
Ell' quittait pas son jardin

Au-d'ssus de la rose sage
Des oiseaux passaient tout l'temps
Et puis aussi des nuages
Des soleils et des printemps

Au-d'ssus du marin volage
Des rêv's étaient tout pareils
Aux printemps et aux nuages
Aux oiseaux et aux soleils

L'marin périt en septembre
Et la ros', le même jour
Vient se flétrir dans la chambre
D'une fille en mal d'amour

Personn' jamais ne suppose
Qu'il y ait le moindre lien
Entre l'marin de la Formose
Et la rose de Dublin

Et seul un doigt sur la bouche
Un ang' beau comme un éclair
Jett' quand le soleil se couche
Des pétales sur la mer.

CHAPITRE 26

Princeton, nuit du 8 au 9 avril 2009

Version 55. Au cours du fastidieux processus de relecture et peaufinage, un nouveau trou est apparu.

Je fulmine. Ça commence à bien faire !

— Marre, de cette histoire ! Avant c'était la partie non linéaire, maintenant c'est la partie linéaire qui semblait sous contrôle et qui craque !

On a déjà parlé de notre résultat un peu partout, la semaine dernière je l'ai annoncé à New York, demain Clément va le raconter à Nice, maintenant on n'a plus droit à l'erreur, il faut que ce soit vraiment juste ! !

N'empêche qu'il y a un problème et qu'il faut remettre en forme ce fichu Théorème 7.4...

Je suis seul à la maison avec les enfants endormis, les heures passent devant la grande baie vitrée qui donne sur la nuit noire. Assis sur le canapé, couché sur le canapé, à genoux devant le canapé, je mets en œuvre toutes mes astuces, je griffonne et griffonne. En vain.

Cette nuit là, je vais me coucher à quatre heures du matin, dans un état proche du désespoir.

Date: Mon, 6 Apr 2009 20:03:45 +0200
Subject: Landau version 51
From: Clement Mouhot <clement.mouhot@ceremade.dauphine.fr>
To: Cedric Villani <Cedric.VILLANI@umpa.ens-lyon.fr>

Je t'envoie la ou j'en suis, apres 120 pages de
relecture en detail, j'en peux plus, je fais une
soiree de pause. Je t'envoie la version 51, qui
integre normalement (apres verification detaillee des
mails) toutes tes modifs et demandes par mail (figures,
remarques, dependance de constantes...), ainsi que ta
section 10 reecrite (issue de la derniere version 50
que tu m'as envoyee) et la nouvelle section 12.

De mon cote, j'ai fait une relecture integrale jusqu'a
la section 9 incluse (donc jusqu'a la page 118). Il
y pas mal de NdCM qu'il faut que tu regardes, et un
paquet de corrections de details qui me semblent sans
debat. Parmi les NdCM, seuls deux correspondent a
des soucis dans les preuves (mais a chaque fois qui
ne peuvent remettre le resultat en cause) : section 7
page 100 et section 9 page 116.

Voici ce que je te propose pour la suite : de ton
cote, tu pars de cette version 51 et tu reprends les
sections 1 a 9 pour regarder mes NdCM et les enlever
en tranchant a chaque fois, dans une version mettons
51-cv, et moi je fais une relecture en detail des
sections 10-11-12-13-14 ? (on prevoit un envoi demain
soir ou mercredi matin ?)

Amicalement, Clement

CHAPITRE 27

Princeton, matin du 9 avril 2009

Hhhhhh... que c'est dur de se réveiller. Je me lève à grand-peine, m'assois sur le lit.

Uh ?

Il y a une voix dans ma tête. *Il faut faire passer le second terme de l'autre côté, prendre la transformée de Fourier et inverser dans L^2.*

Pas possible !

Je griffonne une phrase sur un bout de papier, harangue les enfants pour qu'ils se préparent, les fais petit déjeuner et les emmène, trottinant dans l'herbe humide, jusqu'à l'arrêt du bus scolaire. Un beau bus jaune et noir comme dans les films américains !

Tous les enfants montent sagement dans le bus, qui les emporte à l'école de Littlebrook. C'est drôle de penser à la concentration de fils et filles de scientifiques de haut niveau qui sont assis dans ce bus. Tiens, voici les enfants de mon compatriote Ngô Bao Châu, qui a quitté la région parisienne pour Princeton. Ngô a défrayé la chronique pour sa résolution spectaculaire d'un vieux problème appelé le Lemme Fondamental. C'est un domaine mathématique réputé pour sa difficulté, qui m'est totalement étranger. En tout cas, tout le monde donne Ngô comme grand favori pour le prochain tour de médailles Fields !

Voilà maintenant les enfants partis. À Littlebrook on les choiera, ils auront leur leçon d'anglais personnalisée pendant la journée, et on s'occupera de leur donner confiance en eux – pour cela, on peut faire confiance aux maîtres américains. Cet après-midi ils rentreront heureux de leur journée, et ils seront encore heureux de faire leurs devoirs – fort heureusement, la haine des devoirs à la maison n'a pas encore touché les États-Unis, du moins pas Princeton.

Vite, je rentre chez moi, je m'installe dans le fauteuil et je teste l'idée qui est apparue magiquement ce matin pour combler ce maudit trou.

— Je reste en Fourier, comme me l'avait suggéré Michael Sigal, je ne vais pas du tout sur la transformée de Laplace, mais avant d'inverser je commence par séparer comme ceci, et puis en deux temps...

Je griffonne et contemple. Un instant de réflexion.

Ça marche ! Je crois...

Ça marche ! ! ! C'est sûr !

Bien sûr que c'est comme cela qu'il fallait faire. À partir de là on va pouvoir développer, ajouter les ingrédients, mais là j'ai déjà la trame.

Maintenant ce n'est plus qu'une question de patience, je vois bien que le développement de l'idée aboutit à des schémas que je reconnais. J'écris les détails, longuement. C'est le moment de faire jouer mes dix-huit ans de pratique mathématique !

— Hmmm, maintenant ça ressemble à une inégalité de Young... et après c'est comme la preuve de l'inégalité de Minkowski... on change de variables, on sépare les intégrales...

Je passe en mode semi-automatique. À présent je peux faire usage de toute mon expérience... mais pour en arriver là, il aura fallu un petit coup de fil direct. La fameuse ligne directe, quand vous recevez un coup de fil du dieu de la mathématique, et qu'une voix résonne dans votre tête. C'est très rare, il faut l'avouer !

Je me souviens d'une autre expérience de ligne directe. À l'hiver 2001, professeur à Lyon, je donnais des cours à l'Institut Poincaré, tous les mercredis, pendant quelque temps. J'exposais ma quasi-solution de la conjecture de Cercignani quand, un mercredi, Thierry Bodineau m'avait interpellé et demandé si je ne pouvais pas améliorer telle partie de l'énoncé. En réfléchissant dans le TGV retour, j'avais comme par illumination mis le doigt sur un schéma de preuve bien plus puissant, qui me permettait effectivement de boucler la démonstration de la conjecture. Puis les jours suivants, j'avais complété l'argument pour traiter un cas plus général, extension de la conjecture en un certain sens ; et je m'apprêtais à exposer fièrement les deux nouveaux résultats le mercredi suivant.

Mais le mardi, je découvris une erreur fatale dans la preuve du deuxième théorème ! Je passai toute ma soirée à essayer de la réparer, et je me couchai vers 3 ou 4 heures du matin sans succès.

Le lendemain, à peine réveillé, je retournais le problème dans ma tête, ne pouvant admettre de renoncer à présenter mon résultat. J'allai à la gare, la tête encore pleine de pistes qui n'aboutissaient pas. Mais dès que je m'installai dans le TGV, l'illumination survint et je *savais* comment il fallait corriger la démonstration.

Cette fois-là j'ai passé mon trajet dans le train à mettre le résultat sur pied, et je l'ai annoncé avec toute la fierté qui se peut imaginer. Publiée peu après, cette preuve *made in TGV* a fourni la matière de l'un de mes meilleurs articles.

Et ce matin du 9 avril 2009, c'est une nouvelle petite illumination qui a frappé à la porte de mon cerveau pour tout éclairer. Dommage, les lecteurs de l'article ne se rendront sans doute pas compte de cette euphorie, l'illumination sera noyée dans la technique....

*

To state the main result of this section we shall write $\mathbb{Z}_*^d = \mathbb{Z}^d \setminus \{0\}$; and if a sequence of functions $\Phi(k,t)$ ($k \in \mathbb{Z}_*^d$, $t \in \mathbb{R}$) is given, then $\|\Phi(t)\|_\lambda = \sum_k e^{2\pi\lambda|k|} |\Phi(k,t)|$. We shall use $K(s)\,\Phi(t)$ as a shorthand for $(K(k,s)\,\Phi(k,t))_{k\in\mathbb{Z}_*^d}$, etc.

Theorem 7.7 (*Growth control via integral inequalities*). *Let $f^0 = f^0(v)$ and $W = W(x)$ satisfy condition* (**L**) *from Subsection 2.2 with constants C_0, λ_0, κ; in particular $|\tilde{f}^0(\eta)| \leq C_0 \, e^{-2\pi\lambda_0|\eta|}$. Let further*

$$C_W = \max\left\{ \sum_{k\in\mathbb{Z}^d_*} |\widehat{W}(k)|, \ \sup_{k\in\mathbb{Z}^d_*} |k| \, |\widehat{W}(k)| \right\}.$$

Let $A \geq 0$, $\mu \geq 0$, $\lambda \in (0, \lambda^*]$ with $0 < \lambda^* < \lambda_0$. Let $(\Phi(k,t))_{k\in\mathbb{Z}^d_*,\, t\geq 0}$ be a continuous function of $t \geq 0$, valued in $\mathbb{C}^{\mathbb{Z}^d_*}$, such that

$$\forall t \geq 0, \quad \left\| \Phi(t) - \int_0^t K^0(t-\tau)\, \Phi(\tau)\, d\tau \right\|_{\lambda t+\mu}$$

$$\leq A + \int_0^t \left[K_0(t,\tau) + K_1(t,\tau) + \frac{c_0}{(1+\tau)^m} \right] \|\Phi(\tau)\|_{\lambda\tau+\mu}\, d\tau, \tag{7.22}$$

where $c_0 \geq 0$, $m > 1$ and $K_0(t,\tau)$, $K_1(t,\tau)$ are nonnegative kernels. Let $\varphi(t) = \|\Phi(t)\|_{\lambda t+\mu}$. Then

(i) Assume $\gamma > 1$ and $K_1 = c\, K^{(\alpha),\gamma}$ for some $c > 0$, $\alpha \in (0, \overline{\alpha}(\gamma))$, where $K^{(\alpha),\gamma}$ is defined by

$$K^{(\alpha),\gamma}(t,\tau) = (1+\tau)\, d \sup_{k\neq 0,\ \ell\neq 0} \frac{e^{-\alpha|\ell|}\, e^{-\alpha\left(\frac{t-\tau}{t}\right)|k-\ell|}\, e^{-\alpha|k(t-\tau)+\ell\tau|}}{1 + |k-\ell|^\gamma},$$

and $\overline{\alpha}(\gamma)$ appears in Proposition 7.1. Then there are positive constants C and χ, depending only on $\gamma, \lambda^*, \lambda_0, \kappa, c_0, C_W, m$, uniform as $\gamma \to 1$, such that if

$$\sup_{t\geq 0} \int_0^t K_0(t,\tau)\, d\tau \leq \chi \tag{7.23}$$

and

$$\sup_{t\geq 0} \left(\int_0^t K_0(t,\tau)^2\, d\tau \right)^{1/2} + \sup_{\tau\geq 0} \int_\tau^\infty K_0(t,\tau)\, dt \leq 1, \tag{7.24}$$

156

then for any $\varepsilon \in (0, \alpha)$,

$$\forall t \geq 0, \qquad \varphi(t) \leq C A \frac{(1 + c_0^2)}{\sqrt{\varepsilon}} e^{C c_0} \left(1 + \frac{c}{\alpha \varepsilon} \right)$$

$$\times e^{CT} e^{C c (1 + T^2)} e^{\varepsilon t}, \quad (7.25)$$

where

$$T = C \max \left\{ \left(\frac{c^2}{\alpha^5 \varepsilon^{2+\gamma}} \right)^{\frac{1}{\gamma-1}} ; \left(\frac{c}{\alpha^2 \varepsilon^{\gamma+\frac{1}{2}}} \right)^{\frac{1}{\gamma-1}} ; \left(\frac{c_0^2}{\varepsilon} \right)^{\frac{1}{2m-1}} \right\}.$$

$$(7.26)$$

(ii) Assume $K_1 = \sum_{1 \leq i \leq N} c_i K^{(\alpha_i), 1}$ for some $\alpha_i \in (0, \overline{\alpha}(1))$, where $\overline{\alpha}(1)$ appears in Proposition 7.1; then there is a numeric constant $\Gamma > 0$ such that whenever

$$1 \geq \varepsilon \geq \Gamma \sum_{i=1}^{N} \frac{c_i}{\alpha_i^3},$$

one has, with the same notation as in (i),

$$\forall t \geq 0, \qquad \varphi(t) \leq C A \frac{(1 + c_0^2) e^{C c_0}}{\sqrt{\varepsilon}} e^{CT} e^{C c (1 + T^2)} e^{\varepsilon t},$$

$$(7.27)$$

where

$$c = \sum_{i=1}^{N} c_i, \qquad T = C \max \left\{ \frac{1}{\varepsilon^2} \left(\sum_{i=1}^{N} \frac{c_i}{\alpha_i^3} \right) ; \left(\frac{c_0^2}{\varepsilon} \right)^{\frac{1}{2m-1}} \right\}.$$

Proof of Theorem 7.7. We only treat (i), since the reasoning for (ii) is rather similar; and we only establish the conclusion as an *a priori* estimate, skipping the continuity/approximation argument needed to turn it into a rigorous estimate. Then the proof is done in three steps.

157

Step 1 : *Crude pointwise bounds.* From (7.22) we have

$$\varphi(t) = \sum_{k \in \mathbb{Z}_*^d} |\Phi(k,t)| \, e^{2\pi(\lambda t + \mu)|k|} \tag{7.28}$$

$$\leq A + \sum_k \int_0^t |K^0(k, t-\tau)| \, e^{2\pi(\lambda t + \mu)|k|} \, |\Phi(t,\tau)| \, d\tau$$

$$+ \int_0^t \left[K_0(t,\tau) + K_1(t,\tau) + \frac{c_0}{(1+\tau)^m} \right] \varphi(\tau) \, d\tau$$

$$\leq A + \int_0^t \left[\left(\sup_k |K^0(k, t-\tau)| \, e^{2\pi\lambda(t-\tau)|k|} \right) \right.$$

$$\left. + K_1(t,\tau) + K_0(t,\tau) + \frac{c_0}{(1+\tau)^m} \right] \varphi(\tau) \, d\tau.$$

We note that for any $k \in \mathbb{Z}_*^d$ and $t \geq 0$,

$$|K^0(k, t-\tau)| \, e^{2\pi\lambda|k|(t-\tau)} \leq 4\pi^2 \, |\widehat{W}(k)| \, C_0 \, e^{-2\pi(\lambda_0 - \lambda)|k|t} \, |k|^2 \, t$$

$$\leq \frac{C \, C_0}{\lambda_0 - \lambda} \left(\sup_{k \neq 0} |k| \, |\widehat{W}(k)| \right) \leq \frac{C \, C_0 \, C_W}{\lambda_0 - \lambda},$$

where (here as below) C stands for a numeric constant which may change from line to line. Assuming $\int K_0(t,\tau) \, d\tau \leq 1/2$, we deduce from (7.28)

$$\varphi(t) \leq A + \frac{1}{2} \left(\sup_{0 \leq \tau \leq t} \varphi(\tau) \right)$$

$$+ C \int_0^t \left(\frac{C_0 \, C_W}{\lambda_0 - \lambda} + c \, (1+t) + \frac{c_0}{(1+\tau)^m} \right) \varphi(\tau) \, d\tau,$$

and by Gronwall's lemma

$$\varphi(t) \leq 2A \, e^{C\left(\frac{C_0 C_W}{\lambda_0 - \lambda} t + c(t+t^2) + c_0 \, C_m \right)}, \tag{7.29}$$

where $C_m = \int_0^\infty (1+\tau)^{-m} \, d\tau$.

Step 2 : *L^2 bound.* This is the step where the smallness assumption (7.23) will be most important. For all $k \in \mathbb{Z}_*^d$, $t \geq 0$, we define

$$\Psi_k(t) = e^{-\varepsilon t} \, \Phi(k,t) \, e^{2\pi(\lambda t + \mu)|k|}, \tag{7.30}$$

$$\mathcal{K}_k^0(t) = e^{-\varepsilon t}\, K^0(k,t)\, e^{2\pi(\lambda t + \mu)|k|}, \qquad (7.31)$$

$$R_k(t) = e^{-\varepsilon t}\left(\Phi(k,t) - \int_0^t K^0(k, t-\tau)\,\Phi(k,\tau)\,d\tau\right)$$

$$\times\, e^{2\pi(\lambda t + \mu)|k|} \qquad (7.32)$$

$$= \left(\Psi_k - \Psi_k * \mathcal{K}_k^0\right)(t),$$

and we extend all these functions by 0 for negative values of t. Taking Fourier transform in the time variable yields $\widehat{R}_k = (1 - \widehat{\mathcal{K}_k^0})\,\widehat{\Psi}_k$; since condition **(L)** implies $|1 - \widehat{\mathcal{K}_k^0}| \geq \kappa$, we deduce $\|\widehat{\Psi}_k\|_{L^2} \leq \kappa^{-1}\|\widehat{R}_k\|_{L^2}$, i.e.,

$$\|\Psi_k\|_{L^2(dt)} \leq \frac{\|R_k\|_{L^2(dt)}}{\kappa}. \qquad (7.33)$$

Plugging (7.33) into (7.32), we deduce

$$\forall k \in \mathbb{Z}_*^d, \qquad \|\Psi_k - R_k\|_{L^2(dt)} \leq \frac{\|\mathcal{K}_k^0\|_{L^1(dt)}}{\kappa}\,\|R_k\|_{L^2(dt)}. \qquad (7.34)$$

Then

$$\|\varphi(t)\,e^{-\varepsilon t}\|_{L^2(dt)} = \left\|\sum_k |\Psi_k|\right\|_{L^2(dt)} \qquad (7.35)$$

$$\leq \left\|\sum_k |R_k|\right\|_{L^2(dt)} + \sum_k \|R_k - \Psi_k\|_{L^2(dt)}$$

$$\leq \left\|\sum_k |R_k|\right\|_{L^2(dt)} \left(1 + \frac{1}{\kappa}\sum_{\ell \in \mathbb{Z}_*^d} \|\mathcal{K}_\ell^0\|_{L^1(dt)}\right).$$

(Note : We bounded $\|R_\ell\|$ by $\|\sum_k |R_k|\|$, which seems very crude; but the decay of $\mathcal{K}_k^0$ as a function of k will save us.) Next, we note that

$$\|\mathcal{K}_k^0\|_{L^1(dt)} \leq 4\pi^2\,|\widehat{W}(k)| \int_0^\infty C_0\, e^{-2\pi(\lambda_0 - \lambda)|k|t}\,|k|^2\, t\, dt$$

$$\leq 4\pi^2\,|\widehat{W}(k)|\,\frac{C_0}{(\lambda_0 - \lambda)^2},$$

so

$$\sum_k \|\mathcal{K}_k^0\|_{L^1(dt)} \le 4\pi^2 \left(\sum_k |\widehat{W}(k)| \right) \frac{C_0}{(\lambda_0 - \lambda)^2}.$$

Plugging this in (7.35) and using (7.22) again, we obtain

$$\left\| \varphi(t) \, e^{-\varepsilon t} \right\|_{L^2(dt)} \le \left(1 + \frac{C \, C_0 \, C_W}{\kappa \, (\lambda_0 - \lambda)^2} \right) \left\| \sum_k |R_k| \right\|_{L^2(dt)}$$

$$\le \left(1 + \frac{C \, C_0 \, C_W}{\kappa \, (\lambda_0 - \lambda)^2} \right) \left\{ \int_0^\infty e^{-2\varepsilon t} \left(A + \int_0^t \left[K_1 + K_0 \right. \right. \right.$$

$$\left. \left. \left. + \frac{c_0}{(1+\tau)^m} \right] \varphi(\tau) \, d\tau \right)^2 dt \right\}^{\frac{1}{2}}. \tag{7.36}$$

We separate this (by Minkowski's inequality) into various contributions which we estimate separately. First, of course

$$\left(\int_0^\infty e^{-2\varepsilon t} \, A^2 \, dt \right)^{\frac{1}{2}} = \frac{A}{\sqrt{2\varepsilon}}. \tag{7.37}$$

Next, for any $T \ge 1$, by Step 1 and $\int_0^t K_1(t,\tau) \, d\tau \le C c (1 + t)/\alpha$,

$$\left\{ \int_0^T e^{-2\varepsilon t} \left(\int_0^t K_1(t,\tau) \, \varphi(\tau) \, d\tau \right)^2 dt \right\}^{\frac{1}{2}} \tag{7.38}$$

$$\le \left[\sup_{0 \le t \le T} \varphi(t) \right] \left(\int_0^T e^{-2\varepsilon t} \left(\int_0^t K_1(t,\tau) \, d\tau \right)^2 dt \right)^{\frac{1}{2}}$$

$$\le C \, A \, e^{C \left[\frac{C_0 \, C_W}{\lambda_0 - \lambda} T + c(T + T^2) \right]} \frac{c}{\alpha} \left(\int_0^\infty e^{-2\varepsilon t} (1+t)^2 \, dt \right)^{\frac{1}{2}}$$

$$\le C \, A \, \frac{c}{\alpha \, \varepsilon^{3/2}} \, e^{C \left[\frac{C_0 \, C_W}{\lambda_0 - \lambda} T + c(T + T^2) \right]}.$$

Invoking Jensen and Fubini, we also have

$$\left\{ \int_T^\infty e^{-2\varepsilon t} \left(\int_0^t K_1(t,\tau)\,\varphi(\tau)\,d\tau \right)^2 dt \right\}^{\frac{1}{2}} \qquad (7.39)$$

$$= \left\{ \int_T^\infty \left(\int_0^t K_1(t,\tau)\,e^{-\varepsilon(t-\tau)}\,e^{-\varepsilon\tau}\,\varphi(\tau)\,d\tau \right)^2 dt \right\}^{\frac{1}{2}}$$

$$\leq \left\{ \int_T^\infty \left(\int_0^t K_1(t,\tau)\,e^{-\varepsilon(t-\tau)}\,d\tau \right) \right.$$

$$\left. \times \left(\int_0^t K_1(t,\tau)\,e^{-\varepsilon(t-\tau)}\,e^{-2\varepsilon\tau}\varphi(\tau)^2\,d\tau \right) dt \right\}^{\frac{1}{2}}$$

$$\leq \left(\sup_{t\geq T} \int_0^t e^{-\varepsilon t}\,K_1(t,\tau)\,e^{\varepsilon\tau}\,d\tau \right)^{\frac{1}{2}}$$

$$\times \left(\int_T^\infty \int_0^t K_1(t,\tau)\,e^{-\varepsilon(t-\tau)}\,e^{-2\varepsilon\tau}\varphi(\tau)^2\,d\tau\,dt \right)^{\frac{1}{2}}$$

$$= \left(\sup_{t\geq T} \int_0^t e^{-\varepsilon t}\,K_1(t,\tau)\,e^{\varepsilon\tau}\,d\tau \right)^{\frac{1}{2}}$$

$$\times \left(\int_0^\infty \int_{\max\{\tau\,;\,T\}}^{+\infty} K_1(t,\tau)\,e^{-\varepsilon(t-\tau)}\,e^{-2\varepsilon\tau}\,\varphi(\tau)^2\,dt\,d\tau \right)^{\frac{1}{2}}$$

$$\leq \left(\sup_{t\geq T} \int_0^t e^{-\varepsilon t}\,K_1(t,\tau)\,e^{\varepsilon\tau}\,d\tau \right)^{\frac{1}{2}}$$

$$\times \left(\sup_{\tau\geq 0} \int_\tau^\infty e^{\varepsilon\tau}\,K_1(t,\tau)\,e^{-\varepsilon t}\,dt \right)^{\frac{1}{2}}$$

$$\times \left(\int_0^\infty e^{-2\varepsilon\tau}\,\varphi(\tau)^2\,d\tau \right)^{\frac{1}{2}}.$$

(Basically we copied the proof of Young's inequality.) Similarly,

$$\left\{\int_0^\infty e^{-2\varepsilon t} \left(\int_0^t K_0(t,\tau)\,\varphi(\tau)\,d\tau\right)^2 dt\right\}^{\frac{1}{2}} \tag{7.40}$$

$$\leq \left(\sup_{t\geq 0} \int_0^t e^{-\varepsilon t}\,K_0(t,\tau)\,e^{\varepsilon\tau}\,d\tau\right)^{\frac{1}{2}}$$

$$\times \left(\sup_{\tau\geq 0} \int_\tau^\infty e^{\varepsilon\tau}\,K_0(t,\tau)\,e^{-\varepsilon t}\,dt\right)^{\frac{1}{2}}$$

$$\times \left(\int_0^\infty e^{-2\varepsilon\tau}\,\varphi(\tau)^2\,d\tau\right)^{\frac{1}{2}}$$

$$\leq \left(\sup_{t\geq 0} \int_0^t K_0(t,\tau)\,d\tau\right)^{\frac{1}{2}} \left(\sup_{\tau\geq 0} \int_\tau^\infty K_0(t,\tau)\,dt\right)^{\frac{1}{2}}$$

$$\times \left(\int_0^\infty e^{-2\varepsilon\tau}\,\varphi(\tau)^2\,d\tau\right)^{\frac{1}{2}}.$$

The last term is also split, this time according to $\tau \leq T$ or $\tau > T$:

$$\left\{\int_0^\infty e^{-2\varepsilon t} \left(\int_0^T \frac{c_0\,\varphi(\tau)}{(1+\tau)^m}\,d\tau\right)^2 dt\right\}^{\frac{1}{2}} \tag{7.41}$$

$$\leq c_0 \left(\sup_{0\leq\tau\leq T} \varphi(\tau)\right)$$

$$\times \left\{\int_0^\infty e^{-2\varepsilon t} \left(\int_0^T \frac{d\tau}{(1+\tau)^m}\right)^2 dt\right\}^{\frac{1}{2}}$$

$$\leq c_0 \frac{C\,A}{\sqrt{\varepsilon}}\, e^{C\left[\left(\frac{c_0\,c_W}{\lambda_0-\lambda}\right)T + c\,(T+T^2)\right]}\, C_m,$$

and

$$\left\{\int_0^\infty e^{-2\varepsilon t}\left(\int_T^t \frac{c_0\,\varphi(\tau)\,d\tau}{(1+\tau)^m}\right)^2 dt\right\}^{\frac{1}{2}} \tag{7.42}$$

$$= c_0 \left\{\int_0^\infty \left(\int_T^t e^{-\varepsilon(t-\tau)}\,\frac{e^{-\varepsilon\tau}\,\varphi(\tau)}{(1+\tau)^m}\,d\tau\right)^2 dt\right\}^{\frac{1}{2}}$$

$$\leq c_0 \left\{\int_0^\infty \left(\int_T^t \frac{e^{-2\varepsilon(t-\tau)}}{(1+\tau)^{2m}}\,d\tau\right)\left(\int_T^t e^{-2\varepsilon\tau}\,\varphi(\tau)^2\,d\tau\right) dt\right\}^{\frac{1}{2}}$$

$$\leq c_0 \left(\int_0^\infty e^{-2\varepsilon t}\,\varphi(t)^2\,dt\right)^{\frac{1}{2}} \left(\int_0^\infty \int_T^t \frac{e^{-2\varepsilon(t-\tau)}}{(1+\tau)^{2m}}\,d\tau\,dt\right)^{\frac{1}{2}}$$

$$= c_0 \left(\int_0^\infty e^{-2\varepsilon t}\,\varphi(t)^2\,dt\right)^{\frac{1}{2}}$$

$$\times \left(\int_T^\infty \frac{1}{(1+\tau)^{2m}}\left(\int_\tau^\infty e^{-2\varepsilon(t-\tau)}\,dt\right) d\tau\right)^{\frac{1}{2}}$$

$$= c_0 \left(\int_0^\infty e^{-2\varepsilon t}\,\varphi(t)^2\,dt\right)^{\frac{1}{2}}\left(\int_T^\infty \frac{d\tau}{(1+\tau)^{2m}}\right)^{\frac{1}{2}}$$

$$\times \left(\int_0^\infty e^{-2\varepsilon s}\,ds\right)^{\frac{1}{2}}$$

$$= \frac{C_{2m}^{1/2}\,c_0}{\sqrt{\varepsilon}\,T^{m-1/2}}\left(\int_0^\infty e^{-2\varepsilon t}\,\varphi(t)^2\,dt\right)^{\frac{1}{2}}.$$

Gathering estimates (7.37) to (7.42), we deduce from (7.36)

$$\left\|\varphi(t)\,e^{-\varepsilon t}\right\|_{L^2(dt)} \leq \left(1+\frac{C\,C_0\,C_W}{\kappa\,(\lambda_0-\lambda)^2}\right)\frac{C\,\Lambda}{\sqrt{\varepsilon}}\left[1+\left(\frac{c}{\alpha\,\varepsilon}+c_0\,C_m\right)\right]$$

$$\times e^{C\left[\frac{C_0\,C_W}{\lambda_0-\lambda}T+c\,(T+T^2)\right]} + a\left\|\varphi(t)\,e^{-\varepsilon t}\right\|_{L^2(dt)}, \tag{7.43}$$

where

$$a = \left(1+\frac{C\,C_0\,C_W}{\kappa\,(\lambda_0-\lambda)^2}\right)\left[\left(\sup_{t\geq T}\int_0^t e^{-\varepsilon t}\,K_1(t,\tau)\,e^{\varepsilon\tau}\,d\tau\right)^{\frac{1}{2}}\right.$$

$$\times \left(\sup_{\tau\geq 0}\int_\tau^\infty e^{\varepsilon\tau}\,K_1(t,\tau)\,e^{-\varepsilon t}\,dt\right)^{\frac{1}{2}}$$

$$+\left(\sup_{t\geq 0}\int_0^t K_0(t,\tau)\,d\tau\right)^{\frac{1}{2}}\left(\sup_{\tau\geq 0}\int_\tau^\infty K_0(t,\tau)\,dt\right)^{\frac{1}{2}}+\left.\frac{C_{2m}^{1/2}\,c_0}{\sqrt{\varepsilon}\,T^{m-1/2}}\right].$$

Using Propositions 7.1 (case $\gamma > 1$) and 7.5, as well as assumptions (7.23) and (7.24), we see that $a \leq 1/2$ for χ small enough and T satisfying (7.26). Then from (7.43) follows

$$\left\| \varphi(t)\, e^{-\varepsilon t} \right\|_{L^2(dt)} \leq \left(1 + \frac{C\, C_0\, C_W}{\kappa\, (\lambda_0 - \lambda)^2} \right) \frac{C\, A}{\sqrt{\varepsilon}}$$
$$\times \left[1 + \left(\frac{c}{\alpha\, \varepsilon} + c_0\, C_m \right) \right] e^{C \left[\frac{C_0\, C_W}{\lambda_0 - \lambda} T + c\, (T + T^2) \right]}.$$

Step 3 : *Refined pointwise bounds.* Let us use (7.22) a third time, now for $t \geq T$:

$$e^{-\varepsilon t}\, \varphi(t) \leq A\, e^{-\varepsilon t} \tag{7.44}$$

$$+ \int_0^t \left(\sup_k\, |K^0(k, t - \tau)|\, e^{2\pi\lambda(t - \tau)|k|} \right) \varphi(\tau)\, e^{-\varepsilon \tau}\, d\tau$$

$$+ \int_0^t \left[K_0(t, \tau) + \frac{c_0}{(1 + \tau)^m} \right] \varphi(\tau)\, e^{-\varepsilon \tau}\, d\tau$$

$$+ \int_0^t \left(e^{-\varepsilon t}\, K_1(t, \tau)\, e^{\varepsilon \tau} \right) \varphi(\tau)\, e^{-\varepsilon \tau}\, d\tau$$

$$\leq A\, e^{-\varepsilon t} + \left[\left(\int_0^t \left(\sup_{k \in \mathbb{Z}_*^d}\, |K^0(k, t - \tau)|\, e^{2\pi\lambda(t - \tau)|k|} \right)^2 d\tau \right)^{\frac{1}{2}} \right.$$

$$+ \left(\int_0^t K_0(t, \tau)^2\, d\tau \right)^{\frac{1}{2}} + \left(\int_0^\infty \frac{c_0^2}{(1 + \tau)^{2m}}\, d\tau \right)^{\frac{1}{2}}$$

$$+ \left. \left(\int_0^t e^{-2\varepsilon t}\, K_1(t, \tau)^2\, e^{2\varepsilon \tau}\, d\tau \right)^{\frac{1}{2}} \right] \left(\int_0^\infty \varphi(\tau)^2\, e^{-2\varepsilon \tau}\, d\tau \right)^{\frac{1}{2}}.$$

We note that, for any $k \in \mathbb{Z}_*^d$,

$$\left(|K^0(k, t)|\, e^{2\pi\lambda|k|t} \right)^2 \leq 16\, \pi^4\, |\widehat{W}(k)|^2\, \left| \tilde{f}^0(kt) \right|^2\, |k|^4\, t^2\, e^{4\pi\lambda|k|t}$$

$$\leq C\, C_0^2\, |\widehat{W}(k)|^2\, e^{-4\pi(\lambda_0 - \lambda)|k|t}\, |k|^4\, t^2$$

$$\leq \frac{C\, C_0^2}{(\lambda_0 - \lambda)^2}\, |\widehat{W}(k)|^2\, e^{-2\pi(\lambda_0 - \lambda)|k|t}\, |k|^2$$

$$\leq \frac{C\, C_0^2}{(\lambda_0 - \lambda)^2}\, C_W^2\, e^{-2\pi(\lambda_0 - \lambda)|k|t}$$

$$\leq \frac{C\, C_0^2}{(\lambda_0 - \lambda)^2}\, C_W^2\, e^{-2\pi(\lambda_0 - \lambda)t};$$

so

$$\int_0^t \left(\sup_{k \in \mathbb{Z}_*^d} \left| K^0(k, t - \tau) \right| e^{2\pi\lambda(t-\tau)|k|} \right)^2 d\tau \leq \frac{C \, C_0^2 \, C_W^2}{(\lambda_0 - \lambda)^3}.$$

Then the conclusion follows from (7.44), Corollary 7.4, conditions (7.26) and (7.24), and Step 2. □

CHAPITRE 28

Princeton, le 14 avril 2009

Aujourd'hui j'ai officiellement accepté le poste à l'IHP.

Et notre théorème est bien sur rails. J'ai travaillé deux fois jusqu'à quatre heures du matin dans les jours précédents, ma motivation reste intacte.

Ce soir, je m'apprête encore à une longue séance en tête à tête avec le Problème. La première étape consiste à faire chauffer de l'eau.

Mais en découvrant qu'il ne reste plus de thé à la maison je suis pris d'une peur panique ! Sans le soutien des feuilles de *Camellia sinensis*, je ne peux simplement pas concevoir de me lancer dans les heures de calcul qui se profilent.

C'est déjà la nuit, inutile d'espérer trouver un commerce ouvert à Princeton. N'écoutant que mon courage, j'enfourche ma bicyclette et je vais dérober des sachets de thé dans la salle commune du département de mathématique.

Arrivé à la porte du laboratoire, je tape le code d'entrée, monte à l'étage. Tout est noir, seul filtre un rai de lumière sous la porte de Jean Bourgain. Je ne suis pas le moins du monde surpris : Jean a beau avoir obtenu les plus grands honneurs et être considéré comme l'un des plus puissants analystes de ces dernières décennies, il a conservé les horaires de travail d'un jeune loup aux dents longues, et en prime il aime rester à l'heure de la Côte Ouest, où il se rend régulièrement. On peut parier qu'il travaillera lui aussi jusqu'au milieu de la nuit.

Je me glisse dans la salle commune, m'empare furtivement des sachets tant convoités, sous le regard réprobateur d'André Weil. Vite, je redescends.

Mais sur le retour, je croise Tom Spencer, grand spécialiste de physique statistique, et l'un de mes meilleurs amis à l'Institut. Je suis forcé d'avouer mon crime.

— Oh, tea ! Keeps you going, eh ?

Retour à la maison. Maintenant les précieux sachets sont là, devant moi, je vais pouvoir commencer la cérémonie.

Et de la musique, s'il vous plaît, ou je meurs.

En ce moment j'écoute beaucoup de chansons. Catherine Ribeiro, Ribeiro qui tourne en boucle. Danielle Messia la tragique abandonnée. Catherine Ribeiro la pasionaria. Mama Béa Tekielski, l'écorchée aux glapissements magnifiques. Ribeiro, Ribeiro, Ribeiro. La musique, compagne indispensable des moments de recherche solitaire.

Pas grand-chose de plus efficace que la musique pour vous ramener dans un contexte oublié. Je me souviens du choc sur le visage de mon grand-père la première fois qu'il m'entendit jouer une pièce de Francis Poulenc ; en un instant il avait été projeté soixante ans en arrière, dans le modeste appartement aux murs trop fins où résonnaient toutes les œuvres de son voisin de palier, compositeur de musique classique baignant dans le même courant esthétique que Poulenc.

Pour ma part, quand j'entends Gundula Janowitz entonner *Gretchen am Spinnrade*, je redeviens le jeune homme hospitalisé pour pneumothorax au service de réanimation de l'hôpital Cochin, passant une partie de ses jours à dévorer *Carmen Cru* et une partie de ses nuits à discuter musique avec les internes, dormant avec un nounours irlandais prêté par une amie.

La *Polka Cemetery* éructée par Tom Waits me renvoie à mon second pneumothorax, dans un grand hôpital lyonnais, avec un compagnon de chambre égrillard qui faisait bien rire les infirmières.

La métamorphose de John Lennon en Morse (*Walrus*) me ramène dans une salle de l'École polytechnique, à dix-huit ans, entre deux oraux de concours, l'avenir dessinant un joli point d'interrogation.

Trois ans plus tard, le dramatique début du Premier Concerto pour piano de Brahms retentissait fort à propos dans ma petite thurne de l'internat de l'École normale supérieure, quand une jeune fille en mal d'explications frappa tout émue à ma porte.

Pour me replonger dans la petite enfance, rien de tel que l'entêtant *Porque Te Vas* qui fit la gloire de Jeanette, la gentiment sarcastique *Baleine Bleue* de Steve Waring, ou le décapant *Grand Méchant Loup* de Tachan. Ou encore, va savoir pourquoi, un thème du Concerto pour violon de Beethoven que ma mère aimait à fredonner.

Pour mes douze ans, certains des morceaux préférés de mes parents : *Les Poètes* d'Aragon et Ferrat, l'*Éducation sentimentale* de Maxime Le Forestier, *Nancy* de Leonard Cohen, le *Phoque* de Beau Dommage, *L'Horloge du fond de l'eau* et le *Fil blanc* des Enfants Terribles, *Oxygène* de Jean-Michel Jarre, ou encore le « vieux con » de la chanson de Graeme Allwright qui s'obstine à avancer alors qu'il a de la flotte *Jusqu'à la ceinture*.

Et pour l'adolescence, entre les clips regardés sur la sixième chaîne et les cassettes repiquées ici et là, ce pourrait être, pêle-mêle, *Airport, Envole-moi, Tombé du Ciel, Poulailler Song, Le Jerk, King Kong 5, Marcia Baïla, Lætitia, Barbara, L'Aigle Noir, L'Oiseau de Nuit, Les Nuits sans soleil, Madame Rêve, Sweet Dreams, Les Mots Bleus, Sounds of Silence, The Boxer, Still Loving You, L'Étrange Comédie, Sans contrefaçon, Maldon', Changer la Vie, Le Bagad de Lann-Bihoué, Aux Sombres Héros de l'Amer, La Ligne Holworth, Armstrong, Mississippi River, Le Connemara, Sidi H'Bibi, Bloody Sunday, Wind of Change, Les Murs de poussière*, *Mon Copain Bismarck*, *Hexagone*, *Le France*, *Russians*, *J'ai vu*, *Oncle Archibald*, *Sentimental Bourreau*...

Tant de fois j'ai eu des coups de foudre pour des musiques, classiques, pop ou rock ; je les ai écoutées et réécoutées, certaines plusieurs centaines de fois, émerveillé par l'état de grâce qui avait dû présider à leur création. Après la *Symphonie du Nouveau Monde* de Dvořák, qui marquait effectivement mon entrée dans le nouveau monde de la musique dite classique, vinrent le Cinquième Brandebourgeois de Bach, la Septième Symphonie de Beethoven, le Troisième Concerto de Rachmaninov, la Deuxième Symphonie de Mahler, la Quatrième Symphonie de Brahms, la Sixième Sonate de Prokofiev, la Première Sonate de Berg... La Sonate de Liszt, les Études pour piano de Ligeti, l'ambiguë Cinquième Symphonie de Chostakovich, la Sonate D784 de Schubert, le Seizième Prélude de Chopin (avec l'interprétation dramatique qui convient, s'il vous plaît). La *Toccata* de Boëllmann, le *War Requiem* de Britten, le fabuleux *Nixon in China* de John Adams. *A Day in the Life* des Beatles, *Butcher's Tale* des Zombies, *Here Today* des Beach Boys, *Three Sisters* de Divine Comedy. *Gino* des Têtes Raides, *Lisa la Goélette* d'Anne Sylvestre, *Excalibur* de William Sheller, *Monsieur* de Thomas Fersen. Roda-Gil avec son faussement léger *Ce n'est rien*, sa faussement faussement sérieuse *Makhnovchina* et son palais aux colonnes tartrées, au sud ou au nord de juillet. François Hadji-Lazaro et ses digues, chalands, Paris insurgé. Mort Shuman s'enflammant pour la plage de Brooklyn et Pagani pour Venise qui se noie. Léo Ferré avec sa mystérieuse *Inconnue de Londres* réorchestrée et son *Chien* enragé qui seul demeure quand *Il n'y a plus rien*. Dylan évoquant de sa tour de guet le terrible sort de John Brown, les Floyd nostalgisant l'herbe verte d'antan, Piazzolla qui chante Buenos Aires à zéro heure. La *Romance* de Prokofiev et le *Romanzo* de Morricone. L'émouvant *Manuel* d'Adamo, que j'ai transcrit à Moscou pour des hôtes amoureux de la musique et de la langue françaises, à une époque où Internet n'était pas là pour fournir les paroles des chansons. Fabrizio De Andrè pleurant Geordie pendu par une corde d'or, Giorgio Gaber se prenant pour Dieu, Paolo Conte invitant sa dolce à le suivre. Le petit René Simard, faisant couler les larmes des mères québécoises et des filles japonaises avec son *Oiseau* cristallin et son *Ne pleure pas / Midori Iro No Yane* qui coupe le souffle. Les Frères Jacques achetant leur Général cinq étoiles à Francis Blanche, les Weepers Circus offrant l'amour à des renardes, Olivia Ruiz réparant cœurs et vitres brisés, mes Aïeux trafiquant du *pott* avec des *croches* dégénérés. Vian s'emballant pour une java explosive et Bécaud pour une vente aux enchères diabolique, Renaud chantant l'épopée de Gérard Lambert et Corbier celle de l'éléphantophile maudit. Thiéfaine et son monde peuplé de filles de coupeurs de joints, cercueils à roulettes, Alligators nucléaires et Diogènes glaireux, qui faisaient tournoyer garçons et filles dans les boums de mes vingt ans. Les vibrants dramatiques, Brel criant cloué à la Grande Ourse, Utgé-Royo ressuscitant la chanson interdite *Mutins de 1917* de Debronckart, Ferrat saluant l'enfant qui se lève et pleurant ceux qui sont tombés pour le malheur de Maria, Tachan gueulant que lui ne veut pas d'enfant ! Et les elfes qui vous désarçonnent, Kate Bush et son *Army Dreamer*, France Gall et son *Petit Soldat*, Loreena McKennitt et son *Bandit de grand chemin*, Tori Amos se rêvant en *Joyeux Fantôme*, Amélie Morin blasphémant gentiment *Rien ne va plus*. Et mes préférées, les tigresses qui vous donnent la chair de poule : Melanie apostrophant ceux qui sont autour d'elle, Danielle Messia pleurant qu'elle a été abandonnée, Patti Smith chantant *Parce que la Nuit*, Ute Lemper s'apitoyant sur le sort de Marie Sanders, Francesca Solleville ressuscitant la Commune, Juliette jouant au Garçon Manqué, Nina Hagen feulant Kurt Weill, Gribouille hurlant ses Corbeaux, le sublime duo Moullet–Ribeiro chantant la Paix, la Mort, et l'Oiseau devant la Porte !

Pour dénicher de nouvelles musiques, il ne faut négliger aucune piste. Concerts, forums de discussion, sites de musique en libre accès... et bien sûr l'exemplaire webradio *Bide & Musique*, qui m'a permis de découvrir Évariste, Adonis, Marie, Amélie Morin, Bernard Brabant ou Jacques Icher, les pistes de décollage sur les Champs-Élysées et les hymnes disco à la gloire de Moscou.

En recherche, c'est pareil : on explore tous azimuts, on est à l'affût, on écoute tout, et puis de temps en temps on a un coup de foudre et on se lance corps et âme dans un projet, on se le répète des centaines et des centaines de fois, et plus rien d'autre ne compte, ou si peu.

Parfois les deux mondes communiquent. Certaines musiques, qui m'ont soutenu pendant le travail, sont pour toujours associées à des moments forts de ma recherche.

Quand j'entends Juliette beugler *Monsieur Vénus*, je me revois sous un Vélux à Lyon en 2006, rédigeant ma contributions aux actes du Congrès International des Mathématiciens.

Comme avant, de l'espiègle Amélie Morin, ou *Hung Up on a Dream*, des mélodieux Zombies, me transportent à l'été 2007 dans un appartement australien où j'ai appris, au contact des meilleurs experts du sujet, la théorie de la régularité du transport optimal (et où je me suis enthousiasmé pour les aventures de L, M et N dans *Death Note*, mais c'est une autre histoire).

Quand Marie Laforêt entonne *Pourquoi ces nuages*, avec ces nuances incomparables dans sa voix frêle et puissante à la fois, je me retrouve à Reading, hiver 2003, explorant les mystères de l'hypocoercivité.

Une chanson sans titre de Jeanne Cherhal me replonge dans l'école d'été de probabilités de Saint-Flour, millésime 2005, celle dont j'ai gagné le tournoi de ping-pong sous les acclamations de la foule.

Le Second Concerto de Prokofiev, celui dont le quatrième mouvement me fait pleurer, je l'écoutais presque tous les jours à Atlanta à l'automne 1999, travaillant à mon premier livre sur le transport optimal.

Le Requiem de Mozart, c'est lui qui me réveillait tous les matins quand je passais l'agrégation en 1994.

Et les *Impressions Baroques* du Pär Lindh Project résonnent pour toujours au fond d'une nuit hivernale islandaise, après un exposé triomphal, un soir de colloque en 2005.

Des expériences chargées tout à la fois de l'espoir de la découverte et de la frustration de l'imperfection, ou d'une preuve dont on sent qu'elle est fugitive. Mélange de bonheur et de douleur dans la recherche, plaisir de se sentir vivant, qu'accompagnent si bien les musiques débordant de passion.

Ce soir je ne suis pas ailleurs, je suis bien ici à Princeton, et c'est Ribeiro qui va m'accompagner dans mes efforts. Impossible de la trouver dans le commerce, heureusement il y a le Web : les quelques morceaux sur son site Internet, et puis l'extraordinaire sélection LongBox que l'on trouve sur MusicMe.

L'hallucinant *Poème Non Épique* est au-delà de tout ce qu'on imagine, c'est un morceau singulier dans l'histoire de la chanson française, mais il est trop chargé émotionnellement, mes cheveux se dressent sur la tête rien que d'y penser, je ne pourrais pas travailler avec cela.

À la place, j'écoute le magnifique *Jour de Fête*. Puissance, sobriété, émotion, force d'évocation.

> *J'aurais voulu être ailleurs*
> *Cet ailleurs n'avait pas de lieu...*

Arrive mon moment favori, quand la voix jusque-là retenue commence à se déplier, à faire sentir sa puissance. Cette voix qui fait « tressaillir les morts, les morts vivants, et les vivants ».

Je n'avais plus ni faim ni soif
J'avais envie de faire l'amour
N'importe où n'importe comment
Pourvu que ce soit de l'amour
Même de l'amour au ras du sol
Pourvu que passe l'émotion

Travaille, Cédric, travaille. Le thé, les équations, Ribeiro.

... Ce soir-là combien de malades
S'évertuèrent à faire l'amour
Dans des draps d'aube macabre
L'haleine empuantie d'alcool...

Ouf...

Dès que la chanson est finie, je la remets, encore et encore. J'ai besoin de cette boucle pour avancer. Travaille, Cédric, travaille.

*

Jour de Fête (Catherine Ribeiro)

Le grand jour était arrivé
De partout la fête éclatait
Derrière chaque fenêtre luisaient
Guirlandes bougies et boules de gomme
Ce soir-là chacun se devait
De s'éclater au tiroir-caisse
Des magasins pochettes surprises
Jour du formidable gâchis -

Paris scintillait de lumières
Mais tout mon être était absent
J'avais croisé un satellite
Bien mal placé sur mon orbite
Qu'est-ce que j'foutais sur les trottoirs
Dans les boutiques endimanchées
À chercher l'objet pseudo rare
À chercher le dernier cadeau -

J'aurais voulu être ailleurs
Cet ailleurs n'avait pas de lieu
Je n'avais plus ni faim ni soif
J'avais envie de faire l'amour
N'importe où - n'importe comment
Pourvu que ce soit de l'amour
Même de l'amour au ras du sol
Pourvu que passe l'émotion -

Le téléphone n'a pas sonné
Sûrement à cause des PTT
Le champagne n'avait aucun goût
Je veillais pour être debout
Le temps passait à fendre l'âme
Et la pluie frappait les carreaux
Il n'y a rien de plus dérisoire
Qu'un corps chaud dans un lit désert -

Ce soir-là combien de malades
S'évertuèrent à faire l'amour
Dans des draps d'aube macabre
L'haleine empuantie d'alcool
C'était le Grand Jour - Jour de Paix
Au fin fond de mes Amériques
Je rêvais de mon satellite
Bien mal placé sur mon orbite -

CHAPITRE 29

Sa tasse de thé à la main, le vieil homme se retourne vers moi et me regarde d'un air insistant, sans dire un mot, visiblement interloqué par mon style vestimentaire qui sort de l'ordinaire.

J'ai l'habitude d'en voir, qui sont troublés ou décontenancés par mon costume et mon araignée. D'habitude je les considère avec une bienveillance amusée. Mais cette fois-ci je suis au moins aussi intimidé que mon observateur. Lui, c'est John Nash, peut-être le plus grand analyste du siècle, mon héros mathématique, né en 1928. Il n'a pas eu la médaille Fields, et il a amèrement ressassé cet échec durant des décennies. Certes, il a reçu le prix Nobel d'économie pour ses travaux de jeunesse sur les « équilibres de Nash », qui l'ont rendu célèbre en théorie des jeux, économie, biologie. Mais ce qu'il a fait ensuite est, pour les connaisseurs, bien plus extraordinaire : cela méritait une, deux, trois médailles Fields.

En 1954, Nash introduit les plongements non lisses, des monstruosités qui permettent de faire des choses impossibles, comme froisser une balle de ping-pong sans la déformer, ou construire un anneau parfaitement plat. *Cela ne pouvait être vrai et c'était vrai,* a dit Gromov, qui a compris l'œuvre géométrique de Nash mieux que personne sur cette planète, et a développé à partir d'elle toute la théorie de l'intégration convexe.

177

En 1956, Nash, relevant un défi que lui pose son incrédule collègue Ambrose, démontre que toutes les géométries abstraites du Prince Riemann – le Chopin de la mathématique – peuvent se réaliser de manière concrète. Il réalise ainsi un rêve vieux de près de cent ans.

En 1958, Nash, répondant à une question posée par Nirenberg, démontre la régularité des solutions des équations linéaires paraboliques à coefficients elliptiques mesurables – la continuité en espace-temps de la chaleur dans un solide complètement hétérogène. C'est le début de la théorie moderne des équations aux dérivées partielles.

Le sort voulut que le génie monastique Ennio De Giorgi résolve ce dernier problème en même temps que Nash, par une méthode complètement différente ; mais cela n'enlève rien au mérite de Nash.

Nash est l'un des rares scientifiques vivants à avoir été le héros d'un film hollywoodien. Je n'ai pas aimé le film outre mesure, mais j'ai beaucoup apprécié la biographie dont il était issu. *John Nash, a Beautiful Mind.*

Si Nash a attiré Hollywood, ce n'est pas seulement pour ses exploits mathématiques, c'est aussi pour son histoire tragique. À 30 ans, il a basculé dans la folie ; il a connu les asiles pendant près de trois décennies avant de hanter les couloirs de Princeton, fantôme pitoyable.

Et Nash est revenu du rivage de la folie. Maintenant, à 80 ans passés, il est aussi normal que vous et moi.

Sauf qu'il y a au-dessus de lui une aura que ni vous ni moi n'avons, les témoignages d'accomplissements phénoménaux, des coups de génie et une façon de décortiquer, d'analyser les problèmes, qui font de Nash une figure tutélaire pour tous les analystes modernes, moi le premier.

L'homme qui me fixe est bien plus qu'un homme, c'est une légende vivante, et ce jour-là je n'ai pas le courage d'aller lui parler.

La prochaine fois, j'oserai l'approcher et je lui raconterai comment j'ai fait un exposé sur le paradoxe de Scheffer–

Shnirelman, par une preuve inspirée de son théorème de plongement non lisse. Je lui parlerai de mon projet de faire un exposé sur lui à la Bibliothèque nationale de France. Je lui dirai peut-être même qu'il est mon héros. Est-ce qu'il trouvera ça ridicule ?

*

En 1956, à New York, un grand gaillard pousse la porte d'un austère bloc de béton, sur la façade duquel on peut lire Courant Institute of Mathematical Sciences. *Sa fière allure n'a pas grand-chose à envier à celle de Russell Crowe, qui jouera son rôle à Hollywood un demi-siècle plus tard. Son nom est Nash, et à 28 ans il est déjà mondialement célèbre pour son invention des Équilibres de Nash et sa preuve du Théorème de Plongement : des travaux qu'il a réalisés à l'Université de Princeton puis au Massachusetts Institute of Technology. À New York, il vient découvrir de nouveaux collègues et de nouveaux problèmes.*

Celui que lui soumet Louis Nirenberg retient toute son attention. Un problème qui tient en échec les meilleurs spécialistes... un adversaire à sa taille, peut-être ! La continuité des solutions des équations paraboliques à coefficients discontinus.

En 1811, le grand Fourier avait établi l'équation de la chaleur, régissant l'évolution de la température en fonction de la position et du temps dans un solide homogène en cours de refroidissement :

$$\frac{\partial T}{\partial t} = C \, \Delta T.$$

Depuis lors, son équation est devenue l'un des plus dignes représentants de la classe des équations aux dérivées partielles, ces équations décrivant tous les phénomènes continus qui nous entourent, depuis les courants marins jusqu'à la mécanique quantique.

Même si l'on chauffe le solide de manière très inhomogène, imposant à un instant donné une température qui varie de manière brusque et erratique d'un endroit à l'autre, il suffit de laisser le solide se refroidir une fraction de seconde pour que la distribution de température devienne lisse, varie de manière régulière. Ce phénomène, appelé régularisation parabolique, est l'un des premiers qu'apprennent les étudiants dans les cours d'équations aux dérivées partielles. L'énoncé mathématique correspondant est d'une importance qui transcende largement le champ de la physique.

Si maintenant le solide est inhomogène, constitué de matériaux divers, en chaque position x il aura une conductivité plus ou moins grande $C(x)$, c'est-à-dire une facilité plus ou moins grande à se refroidir. L'équation change en conséquence :

$$\frac{\partial T}{\partial t} = \nabla \cdot \Big(C(x)\, \nabla T \Big).$$

La propriété de régularisation reste-t-elle vraie dans ce contexte ?

Contrairement à Nirenberg, Nash n'est pas un spécialiste de ces équations, mais il mord à l'hameçon. Semaine après semaine, il revient discuter avec Nirenberg, et lui pose des questions.

Au début, ses questions sont naïves, des questions de novice. Nirenberg se demande si la réputation de Nash n'est pas surfaite. Il en faut, du courage – ou une dose inhabituelle de confiance en soi –, quand on est déjà célèbre et admiré, pour poser des questions de débutant sur un domaine que l'on ne maîtrise pas encore ! pour accepter la petite pointe de surprise involontairement méprisante que risque de contenir la réponse. Mais c'est à ce prix que l'on progresse... Et peu à peu, les questions de Nash se font plus précises, plus pertinentes, quelque chose se dessine.

Et puis il discute avec d'autres collègues, extorque des informations à l'un, met un autre à contribution, propose un problème à un troisième.

Lennart Carleson, un analyste suédois de grand talent, lui parle de Boltzmann et de l'entropie. Carleson est l'un des rares mathématiciens à bien connaître ce sujet; il faut dire qu'il a été l'exécuteur testamentaire intellectuel de Torsten Carleman, le premier mathématicien à s'attaquer à l'équation de Boltzmann. À sa mort, Carleman laissait un manuscrit inachevé sur cette équation, et c'est à Carleson qu'avait échu la tâche de le compléter et de le corriger; il a ainsi appris la notion d'entropie, et maintenant il peut en faire profiter Nash.

Mais Boltzmann et Fourier, ce n'est pas pareil; l'entropie et la régularité, cela n'a rien à voir!

Pourtant, dans le cerveau de Nash, une lueur s'est allumée, un plan d'ensemble s'esquisse. Sans dévoiler ses cartes, le jeune mathématicien continue ses entretiens, récupère un lemme ici, une proposition là.

John Nash

Et un matin, il a bien fallu se rendre à l'évidence : en combinant toutes les contributions de ses collègues, Nash avait démontré le théorème, comme un chef d'orchestre faisant jouer sa partition à chaque musicien.

Au cœur de sa démonstration, il y avait l'entropie, qui sous sa direction jouait un rôle à contre-emploi terriblement efficace. La façon de Nash d'utiliser des inégalités différentielles faisant intervenir certaines quantités, inspirées par une interprétation mi-mathématique, mi-physique, fondait un nouveau style, dans la tradition duquel je m'inscris.

CHAPITRE 30

À l'instant précis où ma nuque touche la moquette, une onde de bien-être se répand dans mon corps, cela part de la tête pour aboutir aux pieds. Il est treize heures ou treize heures trente, je suis de retour dans mon bureau après le repas, le moment est propice à une séance de relaxation.

Pas une relaxation violente comme celle que traquent les collègues astrophysiciens du bâtiment d'à côté. Mais une relaxation quand même un peu crue, sans rien de tendre, entre le sol et moi, que la fine épaisseur de la moquette de mon modeste bureau. Fine, mais perceptible à la nuque. Je m'y suis fait, et j'apprécie sincèrement ce contact qui manque de moelleux.

Les images défilent devant mes yeux fermés, les sons grésillent dans mes oreilles, de plus en plus fort, pendant que toute la matinée repasse dans ma tête.

Ce matin les enfants de l'école primaire Littlebrook sont venus visiter l'Institute for Advanced Study, son étang, ses magnifiques arbres en fleurs, le grand buste d'Albert Einstein dans la bibliothèque ancienne. Regardez, les enfants, le château magique de la science ! À huit ans, il n'est pas trop tôt pour rêver des grands scientifiques.

Je leur ai préparé un exposé de vingt minutes, je leur ai parlé du mouvement brownien qui permit de mettre les atomes en évidence, du célèbre problème de Syracuse qui est si simple qu'un enfant de huit ans peut le comprendre, et si complexe que le meilleur mathématicien du monde s'avouerait perdu face à lui.

Ils ont écouté sagement dans le grand hall de l'Institut, ouvert des yeux ronds devant les merveilleuses images du mouvement brownien errant sur mon ordinateur portable. Au dernier rang, un petit blondinet aux grands yeux écoutait encore plus sagement que les autres ; il habitait ici depuis seulement quatre mois, mais il n'avait aucun mal à comprendre le speech en anglais que son papa prononçait avec un accent français à couper au couteau.

Et puis le reste de la matinée, et puis le bon repas, et puis mon cerveau a commencé à s'embrumer, quand est venu le temps de remettre le compteur à zéro, le temps de la pause éclair, celle que j'appelle le *reboot*, la remise en marche de l'ordinateur, on efface la mémoire et on repart.

Dans mes oreilles ça bourdonne, les enfants parlent et reparlent et tout tourne en rond. Mon visage contracté se détend, le bourdonnement s'intensifie, des fragments de phrases voltigent, certains plus fort que d'autres, des voix et chansons, le repas revient, une cuillère oubliée, une procédure d'accueil, un lac non gelé, un buste dans ma bibliothèque, $3n + 1$, $3n + 2$, $3n + 3$, le parquet et les ombres et tu as oublié un petit enfant et...

Une brusque petite secousse dans mes membres, les ombres s'écartent et ma conscience redevient claire.

Je suis à l'affût, je reste allongé quelques instants, pendant que des fourmis s'éparpillent dans la plante de mes pieds déchaussés.

Mes pieds ont disparu de mon radar interne, ils sont si lourds, impossibles à bouger. Comme en ski de randonnée quand un talon de neige tenace s'est accumulé sous un ski.

Pourtant le premier mouvement me rend mes pieds comme par enchantement, je suis à nouveau complet. La pause est finie, elle a duré dix minutes montre en main, mais je suis un mathématicien neuf.

```
Cedric reboot (completed)
```

Un nouveau Cédric commence. Je me replonge dans les calculs, et dans cet article sur l'amortissement Landau, vieux d'un demi-siècle et pourtant si actuel, que je viens de récupérer à la bibliothèque. C'est parti pour deux heures de travail intense avant le thé.

*

Le problème de Syracuse, ou problème de Collatz, ou problème $3n + 1$, est l'une des énigmes non résolues les plus célèbres de tous les temps. Paul Erdös lui-même n'a-t-il pas déclaré que la mathématique de notre temps n'est pas prête à affronter de tels monstres ?

Soumettez « $3n + 1$ » à un moteur de recherche Internet, et vous remonterez facilement le fil jusqu'à la maudite conjecture, simple et entêtante comme un refrain populaire.

Partez d'un nombre entier, n'importe lequel, disons 38.

Ce nombre est pair, je le divise par 2 pour obtenir 19.

Ce dernier nombre est impair, je le multiplie par 3 et j'ajoute 1, je trouve ainsi $19 \times 3 + 1 = 58$.

Ce dernier nombre est pair, je le divise par 2...

Et ainsi de suite, on va de nombre en nombre avec une règle simple : chaque fois que l'on trouve un nombre pair on divise par 2, chaque fois que l'on trouve un nombre impair on multiplie par 3 et on ajoute 1.

Dans l'exemple où l'on est parti de 38, on trouvera successivement : 19, 58, 29, 88, 44, 22, 11, 34, 17, 52, 26, 13, 40, 20, 10, 5, 16, 8, 4, 2, 1, 4, 2, 1, 4, 2, 1, 4, 2, 1, 4, 2, 1...

Bien sûr, dès que l'on tombe sur 1, on sait ce qui suit : 4, 2, 1, 4, 2, 1, 4, 2, 1, ad calculam aeternam.

Chaque fois, dans l'histoire de l'humanité, que l'on a fait ce calcul, on a toujours abouti à 4, 2, 1... Est-ce que cela veut dire qu'il en sera toujours ainsi, quel que soit le nombre qui sert de point de départ ?

Bien sûr, comme les nombres entiers sont en quantité infinie, on ne peut pas les essayer tous. De nos jours, avec les calculettes, calculatrices, calculateurs et supercalculateurs, on a pu en essayer des milliards et des milliards, et l'on a toujours fini par retomber sur l'implacable 4, 2, 1.

Chacun est libre d'essayer de montrer que c'est une règle générale. On pense que c'est vrai, mais on ne sait pas le prouver : c'est une conjecture. La mathématique est démocratique, et quiconque réussira à confirmer ou à infirmer cette conjecture sera salué comme un héros.

Ce n'est certes pas moi qui essaierai : outre que cela semble d'une difficulté phénoménale, ce n'est pas ma tournure d'esprit ; mon cerveau n'est pas entraîné à réfléchir à ce style de problèmes.

*

```
Date:  Mon, 4 May 2009 17:25:09 +0200
From:  Cedric Villani <Cedric.VILLANI@umpa.ens-lyon.fr>
To:  Clement Mouhot <cmouhot@ceremade.dauphine.fr>
Subject:  Backus

Voici donc l'article de Backus de JMP 1960 (Vol.1 No.3,
dommage, ca aurait ete encore mieux si ca avait ete
Vol.1 No.1 !)

Fantastique !  Regarde l'avant derniere section de
l'article de Backus, et puis la derniere phrase de
l'article !  C'est d'autant plus remarquable que
je n'ai connaissance de personne qui ait exprime
explicitement ces doutes jusqu'aux articles de ces
dernieres annees...

Amities
Cedric
```

From: Clement Mouhot <cmouhot@ceremade.dauphine.fr>
To: Cedric Villani <Cedric.VILLANI@umpa.ens-lyon.fr>
Date: Sun, 10 May 2009 05:21:28 +0800
Subject: Re: Backus

J'ai lu un peu l'article de Backus dans l'avion.
Effectivement c'est tres interessant, il avait bien
compris les pbs du lineaire et la question de la
croissance en temps du terme de background des lors
qu'il depend de l'espace, par filamentation. Et
de facon generale c'est remarquablement rigoureux
compare au "standard" des articles sur le Landau
damping... Il faut l'ajouter en citation, avec en
particulier sa discussion numerique page 190, et sa
conclusion avec ses doutes sur la validite non lineaire
de l'etude lineaire : ca rejoint l'une des difficultes
conceptuelles de notre intro en plus.

Amicalement, Clement

CHAPITRE 31

Princeton, un joli soir de mai 2009

En mai, à l'Institute for Advanced Study, les arbres sont en fleurs, c'est magnifique.

C'est le début de la nuit et j'erre seul dans la pénombre, savourant pêle-mêle l'obscurité, le sentiment de paix, la douceur de l'air.

Élève à l'École normale supérieure, j'aimais bien déambuler la nuit dans les couloirs obscurs de l'internat, quelques rayons lumineux filtrant sous les portes, comme les vagues luminescences que l'on imagine passer à travers les hublots d'un sous-marin à la Jules Verne.

Mais ici, dans l'herbe et la brise, c'est incomparable ; et les lumières sont là aussi, mais ce ne sont pas des lumières civilisées, ce sont les lumières naturelles émises par les lucioles, innombrables étoiles clignotantes jetées sur l'herbe.

Ah, je me rappelle... Dans un article que j'ai lu, on applique la théorie de l'amortissement Landau aux clignotements des lucioles.

Mais, Cédric, laisse un peu l'amortissement Landau en paix, mille pompons ! Tu y as déja passé tant de jours et de nuits. Savoure donc les lucioles sans te poser de questions.

Tiens, qui se promène ici aussi tard ? Je reconnais cette silhouette... Ça par exemple ! Vladimir Voevodsky, mathématicien russe parmi les plus brillants de sa génération, Médaille Fields 2002, l'un des héritiers spirituels de

Grothendieck. C'est le genre de mauvaise rencontre que l'on fait tard le soir à Princeton.

Voevodsky lui aussi se promène. Walking, just walking, walking for air, sans but précis, comme le piéton de Ray Bradbury.

On engage la conversation. Il est difficile d'imaginer quelqu'un qui fasse des mathématiques plus différentes des miennes que Voevodsky. Je ne comprends pas un traître mot à sa recherche, et la réciproque est probablement vraie. Mais plutôt que d'essayer de me parler de ce qu'il a fait, il me parle de ses rêves, d'un sujet qui le passionne et dans lequel il entend s'impliquer tout entier, celui des langages experts et des preuves automatiques.

Vladimir Voevodsky

Il parle du fameux Théorème des Quatre Couleurs, de sa preuve controversée parce que rendue inhumaine par l'informatique, et récemment bouleversée par les travaux des chercheurs français de l'INRIA à l'aide du langage expert Coq.

Vladimir pense que, dans un avenir pas si lointain, les programmes informatiques pourront vérifier les arguments longs et complexes, il dit que c'est même déjà en cours d'expérimentation en France sur des résultats célèbres. Je suis sceptique au début, mais celui que j'ai en face de moi n'est pas un allumé, c'est un scientifique du plus haut niveau, il faut que je prenne cela au sérieux.

Moi je n'ai jamais touché à ces problèmes, et j'ai fort peu pratiqué l'algorithmique. Les algorithmes de mariage (*bipartite matching*), du simplexe, des enchères, jouent un rôle important dans la simulation numérique du transport optimal, dont je suis spécialiste ; mais c'est un esprit tellement différent de ce dont me parle Vladimir. Ça donne très envie, ce nouveau domaine, il y a tant de choses passionnantes à étudier.

Fleurs, langages, quatre couleurs, mariage... Tous les ingrédients pour une belle chanson... À moins que cela n'ait déjà été fait ?

*

Vers 1850, le mathématicien Francis Guthrie colorie la carte des comtés de l'Angleterre, en prenant bien garde que deux comtés ayant un morceau de frontière en commun soient de couleurs distinctes. Combien de crayons de couleur va-t-il lui falloir ?

Guthrie comprend que quatre couleurs suffisent. Et se dit que quatre suffisent peut-être pour colorier n'importe quelle carte, faite bien sûr de pays qui ne sont pas eux-mêmes fractionnés en morceaux séparés.

Trois couleurs ne suffiraient pas : examinez la carte d'Amérique du Sud et voyez le Brésil, l'Argentine, la Bolivie, le Paraguay, chacun des quatre pays touche les trois autres, il vous faut donc au moins quatre couleurs différentes.

Mais quatre suffisent, c'est quelque chose que vous pouvez tester en coloriant votre carte préférée. Du moins, vous pouvez le tester sur de nombreux exemples. Mais comment montrer que c'est vrai pour toute carte ? On ne va pas les tester toutes, il y en a une infinité ! Il faut donc un raisonnement logique, et ce n'est pas facile.

Kempe en 1879 pense prouver ce résultat. Mais sa preuve est erronée, et permet seulement de démontrer que cinq couleurs suffisent.

Allons-y pas à pas. Pour une carte à quatre pays, on sait faire. Partant de là, c'est facile de le faire pour cinq pays. Puis pour six. Est-ce qu'on peut continuer ?

Supposons qu'on sache colorier en quatre couleurs toutes les cartes à 1 000 pays, et qu'on veuille s'attaquer à une carte à 1 001 pays. Comment faire ? Pour commencer, on peut montrer que parmi ces 1 001 pays il en existe au moins un qui a peu de pays frontaliers, disons au maximum 5. Si l'on se concentre sur ce pays et ses voisins, c'est facile de colorier ; et si l'on joue aux conquérants en opérant quelques fusions et recombinaisons au sein de ce groupe de pays, on se retrouvera avec une carte de moins de 1 000 pays, donc on saura colorier. Bonne idée... mais pour recoller le coloriage local et le coloriage global, c'est compliqué, il faut envisager beaucoup de cas : des millions, voire des milliards de cas !

En 1976, Appel et Haken se ramènent à un millier de configurations à tester, et les passent toutes en revue à l'aide d'un programme informatique. Après deux mois passés à faire tourner la machine, ils concluent que quatre couleurs suffisent toujours, résolvant une conjecture plus que centenaire.

La communauté mathématique s'est profondément divisée devant cette preuve. La machine n'a-t-elle pas tué la réflexion ? Est-ce qu'on comprend vraiment cet argument jeté en pâture à un être de silicium et de circuits intégrés ? Les Appel-Haken-ards et anti-Appel-Haken-ards s'opposent, sans qu'un consensus se dégage.

Les gens apprennent à vivre avec cette polémique, et nous sautons dans le temps pour revenir en France, à l'INRIA (Institut national de recherche en informatique et en automatique), au tournant du millénaire. Georges Gonthier, spécialiste des langages de vérification de preuves, est l'un des chercheurs employés par cet institut spécialisé dans l'informatique et le calcul. Son domaine a été développé en Europe par quelques théoriciens rêveurs, à la même époque où Appel et Haken défrayaient la chronique. Ces langages vérifient une preuve mathématique comme vous vérifieriez la solidité d'un arbre, branche par branche : imaginez un arbre logique dans lequel le raisonnement est inscrit et peut faire l'objet d'une vérification automatique, à l'instar d'un correcteur orthographique.

Mais alors qu'un correcteur orthographique ne s'intéresse qu'aux mots bien écrits, votre analyseur de preuves, lui, va vérifier la cohérence de l'ensemble, vérifier que tout est correct.

Avec l'aide d'un collaborateur, Benjamin Werner, Gonthier décide de s'atteler à la preuve du Théorème des Quatre Couleurs dans un langage que l'on appelle Coq, en hommage à son créateur Thierry Coquand. Contrairement aux programmes utilisés par Appel et Haken, Coq est certifié : on sait qu'il ne peut produire de bug. Et puis Coq ne fournit pas vraiment des calculs, il génère automatiquement la preuve à partir de l'algorithme qu'on lui impose. Gonthier en profite pour réécrire la partie « lisible » de la preuve, il obtient ainsi quelque chose de simple et efficace, quelque chose de beau ! Une preuve écrite par un humain à 0,2 %, complétée par la machine à 99,8 % – mais ce sont bien les 0,2 % humains qui comptent, avec Coq on sait qu'on peut faire confiance au reste.

Les travaux de Gonthier et de ses collègues préfigurent les logiciels de validation qui dans un futur pas si lointain pourront vérifier automatiquement les programmes complexes qui régissent le lancement des fusées, le vol des avions, ou les microprocesseurs de nos ordinateurs personnels. Les enjeux financiers de ce qui n'était il y a trente ans que douce rêverie se comptent maintenant en milliards d'euros.

Quant à l'infatigable Gonthier, il s'est à présent lancé dans un projet extrêmement ambitieux, la vérification de certains théorèmes de classification des groupes finis, dont les preuves sont connues pour être parmi les plus longues du vingtième siècle.

*

Pour un mot qui clame
Un mot de travers
Il y aura des flammes
Dans tout l'univers
Les bouches sont grandes
Pour les beaux discours
Mais les peaux se vendent
Les peaux de tambours

Un jour nos langages
Parleront de fleurs
Et du mariage
Des quatre couleurs
Sauras-tu comprendre
Qu'ils parlent d'amour
Moi je vais t'attendre
Au pied de la Tour

En attendant, Caïn chasse toujours Abel
Mais j'ai construit de mes mains la Tour de Babel

La Tour de Babel (extrait), Guy Béart

CHAPITRE 32

C'est mon dernier jour à Princeton. Il a plu tant et tant ces dernières semaines, tant qu'on aurait dit un gag. Mais ce soir le ciel est dégagé et je peux me promener encore. Les lucioles transforment les grands arbres en sapins de Noël romantiques, décorés d'innombrables bougies clignotantes. Énormes champignons, petit lapin furtif, silhouette d'un renard qui se découpe fugitivement dans la nuit, cerfs errants dont le brame fait sursauter.

Il s'en est passé, des choses, ces derniers temps, sur le front de l'amortissement Landau ! On a pu finalement faire tenir la preuve debout, on a tout relu. Quelle émotion quand on a mis notre article en ligne sur Internet ! Le mode zéro a enfin pu être contrôlé, et Clément a trouvé qu'on pouvait complètement se passer de l'astuce que j'avais introduite à mon retour du Muséum d'histoire naturelle, le double décalage temporel. On n'avait cependant pas le cœur à tout reprendre, et puis on s'est dit que ça pourrait servir dans d'autres problèmes, alors on l'a laissé là où ça ne gênait pas... Il sera toujours possible de simplifier plus tard en cas de besoin.

J'ai exposé nos travaux devant de nombreux publics ; à chaque fois j'ai pu améliorer les résultats et la présentation, à présent c'est bien rodé et solide. Il se peut toujours qu'il y ait un bug quelque part, mais maintenant tout s'emboîte si bien que je suis confiant : si on découvre un trou il ne sera pas trop grave, on saura le réparer.

Au Plasma Physics Princeton Laboratory, j'ai exposé pendant deux heures devant un public de physiciens, puis j'ai eu droit à une merveilleuse visite de leurs installations et de leurs lieux d'expérience, dans cet institut où l'on essaie de déchiffrer les mystères des plasmas et – qui sait ? – de dompter la fusion nucléaire.

À Minneapolis, mon exposé a beaucoup impressionné Vladimir Šverák. J'ai le plus grand respect pour cet homme qui a compris la mystérieuse notion de quasi-convexité mieux que quiconque, et qui est maintenant l'un des meilleurs spécialistes de la régularité de Navier–Stokes ; ses paroles chaleureuses m'ont rempli de confiance.

Et puis à Minneapolis j'ai aussi fait une conquête : la très jeune, très blonde et très timide fille de mon collègue Marcus Keel a bien voulu jouer avec moi pendant le banquet du colloque, allant jusqu'à exécuter des roulades en riant aux éclats. Marcus n'en est pas revenu que sa fille, qui ne parle jamais aux inconnus, ait accepté une telle fraternisation avec un étranger.

À Rutgers, j'ai de nouveau présenté mes résultats, lors de l'un des colloques de physique statistique de l'infatigable Joel. Mais cette fois ça n'avait rien à voir avec mon précédent exposé, c'était du solide !

À Princeton, j'ai donné une conférence devant une salle entièrement remplie de filles, ou peu s'en faut, dans le cadre du programme « Women in Mathematics ». Ces Jeunes Mathématiciennes viennent en nombre dans l'espoir de conjurer la malédiction qui fait de la mathématique une discipline très majoritairement masculine – moins que l'informatique ou l'ingénierie électrique, mais quand même. Peut-être parmi elles se trouveront les successeurs des grandes mathématiciennes qui ont fait rêver des générations, les Sofia Kowalevskaya, Emmy Noether, Olga Oleinik ou Olga Ladyzhenskaya. Les jeunes femmes qui ont envahi le campus apportent un vent de fraîcheur et l'on en croise quelques-unes encore ce soir, se promenant en petits groupes dans l'air frais.

Hier soir nous sommes allés dire adieu, en famille, au terrain de golf. Comme j'aimais, de retour de quelque colloque, sur le sentier qui mène de la petite station de chemin de fer jusqu'à l'Institut, traverser ce terrain, seul à la nuit tombée, sous l'éclat de la lune qui métamorphose les dunes en fantomatiques vagues... Les enfants ont religieusement déposé à terre un précieux trésor : toutes les balles de golf perdues qu'ils ont ramassées depuis leur arrivée. Six mois déjà !

Mon état de grâce mathématique a duré tout le temps du séjour à Princeton. Après avoir résolu le problème de l'amortissement Landau, j'ai repris mon autre gros programme en cours, avec mes collaborateurs Ludovic et Alessio, et là encore, alors que tout semblait compromis, nous avons pu passer tous les obstacles et tout s'est mis à fonctionner comme par enchantement. Avec un vrai miracle d'ailleurs, un calcul énorme dont quinze termes se recombinaient pour constituer un carré parfait... un miracle aussi inespéré qu'inattendu, puisqu'en définitive on a prouvé exactement le contraire de ce que l'on pensait démontrer !

Dans l'amortissement Landau, on n'a quand même pas tout résolu tout à fait : pour des interactions électrostatiques ou gravitationnelles, les plus intéressantes, on a montré qu'il y a amortissement sur un temps gigantesque, mais pas infini. Et comme on est coincés ici, la régularité est aussi coincée, on n'arrive pas à sortir du cadre analytique. À la fin de mes exposés revient très souvent l'une ou l'autre de ces deux questions : *Est-ce que, dans le cas de l'interaction coulombienne ou newtonienne, on a aussi amortissement en temps infini ? Est-ce que l'on peut se passer de l'hypothèse d'analyticité ?* À chaque fois je réponds que je ne dirai rien en l'absence de mon avocat, que je ne sais sincèrement pas si c'est quelque chose de profond, ou juste que nous n'avons pas été assez malins.

Oh, voici une Jeune Mathématicienne qui erre seule, comme moi, elle veut bien m'accompagner pour la suite de la promenade. Elle a assisté à mon exposé sur le transport optimal, ça fait une bonne entrée en matière, on va parler mathématique à deux, dans la douce nuit princetonienne.

La promenade se termine, il faut bien rentrer à l'Institut. Mon bureau est presque vide, mais reste la pile de brouillons, la pile énorme que j'ai noircie jour après jour de toutes les tentatives avortées et réussies, toutes les versions intermédiaires que j'ai soigneusement écrites, compulsivement imprimées et rageusement corrigées.

Je l'aurais bien emportée, mais cela sera trop encombrant dans l'avion, nous sommes déjà si chargés ! Alors il faut tout jeter...

En me voyant contempler ces brouillons si envahissants, la Jeune Mathématicienne comprend tout de suite le petit drame que cela représente de jeter toute cette pile chargée d'émotions. Elle m'aide à tasser le tout dans la corbeille à papiers.

Ou plutôt, tout autour de la corbeille à papiers – il y en aurait assez pour emplir au moins quatre corbeilles !

Ça y est, mon séjour à Princeton est vraiment terminé.

*

J'ai longtemps considéré avec perplexité le principe des réunions de jeunes mathématiciennes ... jusqu'à ce que je participe moi-même, en tant qu'orateur, à l'édition 2009 du programme « Femmes en mathématiques » organisé tous les ans à l'Institute for Advanced Study à Princeton. L'ambiance dynamique et enthousiaste dans laquelle baignait cette manifestation m'a laissé un souvenir impérissable. Je vous souhaite de mener les débats et discussions du « neuvième forum des jeunes mathématiciennes à l'Institut Henri Poincaré » dans un climat aussi détendu et studieux. Bienvenue dans la « Maison des Mathématiciennes » !

(Paroles de bienvenue au forum des Jeunes Mathématiciennes, accueillies à l'Institut Henri Poincaré par son directeur, le 6 novembre 2009.)

CHAPITRE 33

Lyon, le 28 juin 2009

Que c'est étrange, d'être de retour au bercail après si longtemps.

On n'est jamais vraiment revenu chez soi avant d'être retourné au marché. On retrouve ses commerçants, on choisit son pain et ses fromages, on s'étonne d'entendre tout le monde parler français. J'ai eu les larmes aux yeux en buvant un verre de lait cru, le premier depuis six mois. La tendre ciabatta et la baguette croustillante se passent de commentaires.

Je suis revenu dans mon élément, mais rien n'est comme avant. Certes, des artisans ont œuvré pendant notre absence, et c'est à peine si l'on reconnaît l'appartement... Mais cela n'est rien ; bien plus importante est la métamorphose effectuée à l'intérieur de moi. Le travail accompli à Princeton m'a transformé, comme un alpiniste de retour à terre qui aurait encore la tête pleine des hauteurs qu'il a explorées. Le hasard a dévié ma trajectoire scientifique à un point que je ne pouvais pas imaginer il y a six mois.

Dans les années 1950, une révolution scientifique s'est produite quand on a compris que, pour explorer un système trop riche en possibles, il est souvent préférable de s'y déplacer au hasard, plutôt que de le quadriller méthodiquement ou d'y choisir des échantillons successifs de manière parfaitement aléatoire. C'était l'algorithme de Metropolis–Hastings, c'est aujourd'hui tout le domaine des MCMC, les Monte Carlo Markov Chains, dont l'efficacité déraisonnable en physique, en chimie, en biologie, n'a toujours pas été expliquée. Ce n'est pas une exploration déterministe, ce n'est pas non plus une exploration complètement aléatoire, c'est une exploration par marche au hasard.

Mais au fond, ça n'est pas nouveau, c'est pareil dans la vie : en allant un peu au hasard d'une situation à l'autre, on explore tellement plus de possibilités, comme un chercheur qui change de continent scientifique au gré des rencontres.

Tout est revenu à sa place, tout va repartir. Mes affaires sont déjà rangées dans des cartons, bientôt les déménageurs emporteront tout ce qui m'est familier. Le futon que ma mère a comparé à du béton armé après l'avoir testé. La chaîne musicale qui avec ses quinze ans d'âge mérite bien son label de haute fidélité. Les centaines de CD qui parfois mangeaient presque tout mon salaire de normalien, les cassettes récupérées et les vinyles d'occasion. Et le grand double bureau en bois massif, les bibliothèques coloniales où s'entassent d'innombrables livres, le lourd fauteuil en bois d'une seule pièce ramené de Londres, les sculptures achetées dans la Drôme, les tableaux de mon grand-père... Tout cela va m'accompagner dans ma nouvelle aventure : dans trois jours je commence mon mandat de directeur à l'Institut Henri Poincaré, à Paris. Mon prédécesseur libère son bureau le 30 juin, j'y emménage le 1er juillet. Il faudra apprendre le travail sur le terrain, c'est une nouvelle période de ma vie qui commencera.

Un nouveau pas de ma MCMC personnelle.

*

Après un long passage à vide dans les années 70 et 80, l'IHP, « Maison des Mathématiques », renaît officiellement en 1990. L'État investit massivement pour sa rénovation, dans le cadre du contrat quadriennal conclu avec l'Université Pierre et Marie Curie, chargée de la gestion du nouvel IHP, et avec le soutien du CNRS.

La mise en place de la nouvelle structure a lieu sous la direction du mathématicien Pierre Grisvard, qui décède prématurément en 1994, quelques mois avant l'inauguration officielle par le ministre de l'Enseignement supérieur et de la Recherche. Joseph Oesterlé (Université Pierre et Marie Curie) lui succède, suivi de Michel Broué (Université Denis-Diderot) en 1999, puis de Cédric Villani (École normale supérieure de Lyon) en 2009.

(Extrait d'une note de synthèse sur l'Institut Henri Poincaré.)

CHAPITRE 34

Prague, le 4 août 2009

Prague, la ville d'Europe mythique s'il en est. La légende du Golem, la chanson de Messia, la biographie de Kafka dessinée par Crumb et Mairowitz, tout cela et bien davantage résonne dans ma tête pendant que je parcours les rues où les horloges millénaires côtoient les bars à danseuses légèrement vêtues, et où les étudiants partent danser en boîte avec cornes de diablesse et capes de superhéros.

Il y a quelques semaines, sur le chemin d'Oberwolfach, les passants ouvraient des yeux ronds devant mon costume ; mais à Prague, je pourrais presque passer pour un expert-comptable.

C'était hier la cérémonie d'ouverture du Congrès International de Physique Mathématique, organisé par l'association du même nom. Nous étions quatre à recevoir en grande pompe le prix Henri Poincaré, sans doute la plus haute distinction internationale en physique mathématique. Outre l'Américain Robert Seiringer (catégorie junior comme moi) il y avait parmi les lauréats le Suisse Jürg Fröhlich et le Russe Yasha Sinai. Ces spécialistes de mécanique quantique et classique, physique statistique et systèmes dynamiques, sont tous des amis, et le clairvoyant Joel Lebowitz les a tous intégrés depuis longtemps dans le comité éditorial de son *Journal of Statistical Physics*. Je suis heureux et fier d'être en si bonne compagnie.

Avoir reçu ce prix me donne droit à une conférence plénière au Congrès, même si je n'étais pas programmé au départ. Bien qu'ayant reçu le prix Poincaré pour mes travaux sur Boltzmann, j'ai choisi de parler d'amortissement Landau : c'est une occasion inespérée de faire connaître mes résultats récents devant le plus bel auditoire de physique mathématique que l'on puisse imaginer.

Il y a trois minutes, avant le début de ma conférence, mon cœur battait à tout rompre, l'adrénaline coulait à flots dans mes veines. Mais maintenant que j'ai commencé à parler, je suis calme et sûr de moi.

— It so happens that I was just appointed Director of the Institut Henri Poincaré, at the same time that I receive the Henri Poincaré Prize. This is just a coincidence, but I like it...

L'exposé, minutieusement préparé, se déroule bien, je finis juste à l'heure.

— ... To conclude, let me note the nice coincidence ! In order to treat the singularity of the Newton interaction, you use the full power of the Newton scheme. Newton can be proud ! This is just a coincidence, but I like it.

L'accueil est triomphal, je lis dans certains regards un mélange d'étonnement et d'admiration, avec un soupçon de crainte – il faut dire que la preuve est si intimidante, elle me dépasse moi-même !

Et puis il y a les filles, les jeunes Praguoises, avant ma conférence elles me regardaient sans trop prêter attention, mais après c'est tout différent, elles se pressent, me félicitent pour la clarté de l'exposé ; l'une récite avec émotion un petit compliment dans un français hésitant.

Certes, les questions habituelles sont revenues, toujours les mêmes. La régularité analytique, peut-on la relaxer ? Pour une interaction newtonienne, ne peut-on pas aller en temps infini ? Mais cela n'inquiète guère mon ami portugais Jean-Claude Zambrini, qui me glisse à la fin de l'exposé : « Puisque tu attires les coïncidences, Cédric, maintenant tout ce qu'on peut te souhaiter c'est de te faire inviter par le Fields Institute ! »

L'Institut Fields – qui ne joue aucun rôle dans l'attribution de la médaille du même nom – est basé à Toronto, et il s'y tient régulièrement des colloques pour toutes sortes de mathématiciens.

Je rigole avec Jean-Claude... mais seulement un mois et demi plus tard, pure coïncidence, l'invitation arrive.

*

Date: Tue, 22 Sep 2009 16:10:51 -0400 (EDT)
From: Robert McCann <mccann@math.toronto.edu>
To: Cedric Villani <Cedric.VILLANI@umpa.ens-lyon.fr>
Subject: Fields 2010

Dear Cedric,

Next fall I am involved in organizing a workshop on
"Geometric Probability and Optimal Transportation"
Nov 1-5 as part of the Fields Theme Semester on
"Asymptotic Geometric Analysis".
You will certainly be invited to the workshop, with all
expenses covered, and I hope you will be able to come.
However, I also wanted to check whether there is a
possibility you might be interested in visiting Toronto
and the Fields Institute for a longer period, in which
case we would try to make the opportunity attractive.
Please let me know,

Robert

CHAPITRE 35

New York, le 23 octobre 2009

En France, les enfants font la connaissance du petit bébé sanglier capturé à mains nues par leur oncle. J'aurais tellement aimé le voir !

Mais j'ai préféré utiliser les vacances pour caser une éprouvante tournée américaine qui me voit sillonner les États-Unis en quelques jours seulement. Je suis déjà passé par Boston, rendre visite au MIT (sur les traces de Wiener et Nash !) et à l'Université Harvard. Maintenant je suis à New York. Je me console en me disant que dès que je rentrerai en France, j'irai voir le petit sanglier et l'emmènerai promener dans les bois.

C'est le soir, j'ouvre mon courrier électronique. Mon cœur bondit : un message en provenance d'*Acta Mathematica*, une revue de recherche mathématique que beaucoup considèrent comme la plus prestigieuse de toutes. C'est là que Clément et moi avons soumis pour publication notre monstre de 180 pages. À coup sûr, c'est à ce sujet que la revue m'écrit.

Mais... nous l'avons soumis il y a moins de quatre mois ! Compte tenu de la taille du manuscrit, c'est beaucoup trop court pour que les referees aient rendu leur avis et les éditeurs pris une décision positive. Une seule explication : la revue écrit pour annoncer que l'article est refusé.

J'ouvre le message, je lis en diagonale, j'examine fébrilement les rapports des experts. Je serre les lèvres et je les relis. Six rapports, dans l'ensemble très positifs, très tout, mais... oui, c'est toujours pareil, c'est l'analyticité qui leur pose souci, et le cas limite en temps grand. Toujours les mêmes deux questions, auxquelles j'ai dû répondre déjà des dizaines de fois dans mes exposés passés, et qui me valent maintenant de voir le manuscrit refusé ! L'éditeur n'est pas convaincu que les résultats soient définitifs, et l'article est si long qu'il se doit d'être plus intransigeant encore que de coutume.

Quelle injustice ! ! Malgré toute l'innovation qu'on a mise dans cet article, le défrichage complet du sujet ? On a surmonté tant d'obstacles techniques, passé tant de nuits grises... et ce n'est pas encore assez beau pour eux ? ? J'en suis malade !

Tiens... un autre courrier m'informe que je viens de remporter le prix Fermat. Du nom du mathématicien français Pierre de Fermat, prince des amateurs, qui au dix-septième siècle faisait enrager l'Europe entière par ses énigmes mathématiques. Il a révolutionné la théorie des nombres, le calcul des variations et le calcul des probabilités ; aujourd'hui le prix Fermat est attribué tous les deux ans à un ou deux chercheurs âgés de moins de 45 ans qui ont effectué des contributions majeures dans l'un de ces domaines.

Cette annonce de prix me donne du baume au cœur, mais ne suffit tout de même pas à compenser la frustration de voir mon article refusé. Pour me consoler il me faudrait au moins un gros câlin.

*

En 1882, le mathématicien suédois Gösta Mittag-Leffler convainc ses collègues nordiques de créer ensemble une revue mathématique scandinave consacrée à la recherche du plus haut niveau. Ce sera Acta Mathematica, dont Mittag-Leffler devient le rédacteur en chef.

Communiquant régulièrement avec les meilleurs mathématiciens du monde, doté d'un goût très sûr et d'une bonne dose d'audace, Mittag-Leffler parvient rapidement à attirer les meilleurs articles mathématiques du moment. Dans son écurie d'auteurs, son poulain préféré est certainement le génial et imprévisible Henri Poincaré, dont Mittag-Leffler ne craint pas de publier de longs articles révolutionnaires.

L'épisode le plus célèbre de la vie du journal coïncide avec l'un des épisodes les plus célèbres de la carrière de Poincaré. Sur le conseil de Mittag-Leffler, le roi Oscar II de Suède avait lancé un grand concours de mathématique, sur un thème à choisir dans une courte liste. Poincaré releva le défi et choisit de traiter le sujet de la stabilité du système solaire, un problème ouvert depuis Newton déjà ! En effet, si Newton a écrit les équations des planètes du système solaire (les planètes sont attirées par le Soleil, et s'attirent les unes les autres), il a été incapable de montrer que ces équations entraînent la stabilité du système solaire, ou de déceler si au contraire elles renferment en elles une catastrophe annoncée – la collision de deux planètes, qui sait ? En physique mathématique, ce problème est connu de tous.

Newton pensait que le système était intrinsèquement instable, et que la stabilité que nous observons est due à une main divine secourable. Mais plus tard, Laplace et Lagrange, puis Gauss, ont montré que le système de Newton est stable sur un temps gigantesque, peut-être un million d'années, beaucoup plus que Newton lui-même ne le pensait. C'était la première fois dans l'histoire de l'humanité que l'on prédisait qualitativement le comportement des astres sur une échelle de temps bien plus longue que toutes les archives jamais consignées !

La question restait cependant posée : au-delà de ces temps gigantesques, la catastrophe est-elle possible ? Si l'on attend non pas un mais cent millions d'années, est-ce que Mars et la Terre risquent d'entrer en collision ? Derrière ce problème particulier, il y a des questions de fond sur la physique en général.

Poincaré ne traite pas le système solaire complet – trop compliqué ! À la place il considère un système solaire réduit et idéalisé, ne comptant que deux planètes tournant autour du Soleil, avec l'une minuscule par rapport à l'autre. Un peu comme si l'on oubliait toutes les planètes sauf Jupiter et la Terre... Poincaré a étudié ce problème épuré, l'a simplifié encore davantage, jusqu'à en extraire le cœur vivant. Il a inventé de nouvelles méthodes pour l'occasion, et il a prouvé la stabilité éternelle de ce système réduit !

Pour cet exploit, il reçut la gloire et la récompense du roi Oscar.

Le manuscrit vainqueur devait être publié dans Acta Mathematica. Mais l'assistant qui éditait le texte était troublé par quelques passages un peu confus dans la solution de Poincaré. Rien que du banal : tout le monde savait que Poincaré n'était pas un modèle de clarté. Il fit part de ses interrogations au monument de la mathématique française.

Le temps que Poincaré réalise qu'une faute grave s'était glissée dans sa démonstration, l'article était déjà publié ! Un erratum n'était pas suffisant, les résultats mêmes de l'article étaient vérolés en profondeur.

Sans se démonter, Mittag-Leffler rappela tous les exemplaires de sa revue un par un, sous des prétextes futiles, avant que quiconque se rende compte de l'erreur. Il passa tout, ou presque, au pilon. Poincaré paya les frais – il lui en coûta plus que la récompense du roi Oscar !

Là où l'histoire devient extraordinaire, c'est que Poincaré transforma son erreur en acte fondateur. Il réussit à tout remettre debout, changea ses conclusions, découvrit qu'il avait démontré le contraire de ce en quoi il avait cru : l'instabilité est possible !

Corrigé, republié, l'article fut le texte fondateur de la théorie des systèmes dynamiques, une théorie qui de nos jours occupe des milliers de chercheurs à travers le monde. La théorie du chaos, l'effet papillon, tout cela est en germe dans l'article de Poincaré. Ce qui aurait pu être un désastre était pour Acta Mathematica un triomphe.

La gloire de la revue continua à embellir, et elle devint l'une des plus prestigieuses, ou peut-être la plus prestigieuse au monde. Aujourd'hui, glisser un article de recherche parmi les 600 pages que publie annuellement cette revue suffit presque à assurer votre avenir professionnel dans la communauté mathématique.

Quand Poincaré mourut en 1912, il fut célébré en France comme un héros national. En 1916, Mittag-Leffler à son tour s'éteignait ; on transforma alors sa demeure en un centre international de recherche, où des mathématiciens venus de partout dans le monde pourraient discuter et réfléchir ensemble à de nouveaux problèmes. C'était l'Institut Mittag-Leffler, le tout premier en son genre, encore en activité de nos jours. En 1928, on fonda à Paris un second centre, bâti sur les mêmes principes de brassage international, faisant la part belle aux cours de niveau recherche : l'Institut Henri Poincaré.

Henri Poincaré & Gösta Mittag-Leffler

CHAPITRE 36

Ann Arbor, le 27 octobre 2009

Dans ma chambre d'hôtel à Ann Arbor. Je passe quelques jours à l'Université du Michigan – une grande université avec quelques mathématiciens de tout premier ordre.

Clément a été très abattu par le refus d'*Acta Mathematica*, il souhaitait qu'on tente de les convaincre de revenir sur leur décision, de leur expliquer pourquoi notre résultat est si novateur et important, même s'il reste une petite zone d'ombre...

Mais je connais mieux que lui ces revues très prestigieuses. Je suis moi-même éditeur dans la revue concurrente *Inventiones Mathematicae*, et je sais combien je dois être impitoyable pour juger les manuscrits qui me sont soumis. Les éditeurs d'*Acta* ont le cuir encore plus dur, rien ne pourra les émouvoir sauf si l'on démontre qu'un referee est de mauvaise foi (mais de cela il n'y a aucune indication), ou si on leur apporte de nouveaux éléments.

Une piste serait de couper cet énorme article en deux pour le publier plus facilement, mais cette pratique me répugne... Alors pour l'instant on laisse en plan.

Mes exposés à Ann Arbor se passent bien, mais encore et toujours les mêmes questions. J'ai discuté avec Jeff Rauch, spécialiste des équations aux dérivées partielles, qui a longtemps collaboré avec des Français. Jeff n'a pas été choqué par le fait que le résultat ne vale pas en temps infini, mais il n'a pas aimé l'hypothèse d'analyticité. Certes, d'autres au contraire voudraient un temps infini et se soucient peu de l'analyticité, alors je pourrais me dire que ce n'est pas grave ; mais je fais confiance au jugement de Jeff et sa critique me trouble. C'est pourquoi ce soir je couche sur le papier un raisonnement destiné à lui montrer que notre preuve est au plus près et qu'on ne pourra guère l'améliorer. Ce travail est destiné à moi autant qu'à lui, d'ailleurs.

Jeff Rauch

Le temps passe, sur mon lit d'hôtel je griffonne et je griffonne, mais je n'arrive pas à me convaincre... Et si je n'arrive pas à me convaincre moi-même, il y a peu de chances que j'arrive à convaincre Jeff ! !

— Et si je faisais fausse route, si mes estimations étaient trop grossières ? Pourtant ici je n'ai rien perdu... là ce serait bien le diable si j'avais loupé un truc... ici c'est optimal... là, ma simplification ne peut qu'améliorer les choses, à moins d'un ensorcellement...

Comme un cycliste examinant sa chaîne de vélo en quête de la moindre fragilité, je parcours la preuve, vérifiant la précision des arguments à chaque étape.

Et là ! ? ! ? !

Là ! À cet endroit j'ai peut-être été trop négligent !

Mais comment ça se fait ?

— Ça veut dire quoi, bon sang ? Je n'ai pas vu que les modes s'écartaient les uns des autres, et ma comparaison par somme est trop grossière ? Si c'est le sup par rapport à la somme, évidemment que je vais y perdre ! ! Alors bon, c'est vrai que c'était noyé sous la complexité technique...

Je grommelle et je reprends, dans ma tête.

— Ben oui... les modes ils sont écartés les uns des autres, et le poids se déplace, si je les regarde globalement je perds quelque chose de monstrueux ! ! Mais alors, il faut les contrôler séparément ! ! !

C'est l'illumination, là, avec mon crayon, sur le lit. Je me lève et arpente fiévreusement la chambre, le brouillon à la main, le regard fixé sur les formules cabalistiques. Le sort de l'article vient de basculer une nouvelle fois. Cette fois il ne s'agit pas de réparer une erreur, mais d'améliorer les résultats.

— Comment on va exploiter ça ?

Je ne sais pas, mais c'est parti, on va tout dérouler. On a enfin une piste pour répondre aux deux sempiternelles objections.

*

Since $\gamma = 1$ is the most interesting case, it is tempting to believe that we stumbled on some deep difficulty. But this is a trap: a much more precise estimate can be obtained by separating modes and estimating them one by one, rather than seeking for an estimate on the whole norm. Namely, if we set

$$\varphi_k(t) = e^{2\pi(\lambda t + \mu)|k|}\, |\widehat{\rho}(t, k)|,$$

then we have a system of the form

$$\varphi_k(t) \leq a_k(t) + \frac{c\,t}{(k+1)^{\gamma+1}}\, \varphi_{k+1}\left(\frac{kt}{k+1}\right). \qquad (7.15)$$

Let us assume that $a_k(t) = O(e^{-ak}\, e^{-2\pi\lambda|k|t})$. First we simplify the time-dependence by letting

$$A_k(t) = a_k(t)\, e^{2\pi\lambda|k|t}, \qquad \Phi_k(t) = \varphi_k(t)\, e^{2\pi\lambda|k|t}.$$

217

Then (7.15) becomes

$$\Phi_k(t) \le A_k(t) + \frac{ct}{(k+1)^{\gamma+1}} \, \Phi_{k+1}\left(\frac{kt}{k+1}\right). \qquad (7.16)$$

(The exponential for the last term is right because $(k+1)(kt/(k+1)) = kt$.) Now if we get a subexponential estimate on $\Phi_k(t)$, this will imply an exponential decay for $\varphi_k(t)$.

Once again, we look for a power series, assuming that A_k is constant in time, decaying like e^{-ak} as $k \to \infty$; so we make the ansatz $\Phi_k(t) = \sum_m a_{k,m} t^m$ with $a_{k,0} = e^{-ak}$. As an exercise, the reader can work out the doubly recurrent estimate on the coefficients $a_{k,m}$ and deduce

$$a_{k,m} \le \text{const.} \, A \, (k \, e^{-ak}) \, k^m \, c^m \, \frac{e^{-am}}{(m!)^{\gamma+2}},$$

whence

$$\Phi_k(t) \le \text{const.} \, A \, e^{(1-\alpha)(ckt)^\alpha}, \qquad \forall \alpha < \frac{1}{\gamma+2}. \qquad (7.17)$$

This is subexponential even for $\gamma = 1$: in fact, we have taken advantage of the fact that echoes at different values of k are asymptotically rather well separated in time.

As a conclusion, as an effect of the singularity of the interaction, we expect to lose a fractional exponential on the convergence rate: *if the mode k of the source decays like $e^{-2\pi\lambda|k|t}$, then φ_k, the mode k of the solution, should decay like $e^{-2\pi\lambda|k|t} \, e^{(c|k|t)^\alpha}$. More generally, if the mode k decays like $A(kt)$, one expects that $\varphi_k(t)$ decays like $A(kt) \, e^{(c|k|t)^\alpha}$. Then we conclude as before by absorbing the fractional exponential in a very slow exponential, at the price of a very large constant: say*

$$e^{t^\alpha} \le \exp\!\left(c\,\varepsilon^{-\frac{\alpha}{1-\alpha}}\right) e^{\varepsilon t}.$$

(Extrait de mes notes de cours sur l'amortissement Landau, rédigées pour une école d'été en 2010 au Centre international de rencontres mathématiques à Luminy.)

CHAPITRE 37

Aéroport de Charlottesville, le 1ᵉʳ novembre 2009

En transit entre Palm Beach et Providence, dans un aéroport anonyme. Je viens de passer la corvée du contrôle de sécurité. Se débarrasser de sa ferraille n'est déjà facile pour personne, mais quand en plus on porte boutons de manchette et montre à gousset, avec en prime une ou deux clés USB et une demi-douzaine de stylos dans les poches...

À Palm Beach, dans ce colloque organisé par Emanuel Milman, c'était la belle vie ! En quelques mètres on passait de la ville à la plage. Et la mer, comme un bain chaud. La nuit la température était idéale, et il n'y avait personne, pas besoin de maillot de bain... vraiment comme dans une baignoire ! Une baignoire aux dimensions de l'océan, avec les flots en plus et le sable doux. Et tout cela en novembre !

Mais c'est fini, je retourne vers le froid. Grâce à la rapidité contre nature de l'avion, cela va se faire si vite !

Et si pendant cette escale à Palm Beach j'ai pu oublier un jour ou deux l'amortissement Landau, maintenant il occupe à nouveau toutes mes pensées. Je commence à comprendre comment faire pour améliorer le tout, dans la lignée de mon illumination d'Ann Arbor. Mais ça s'annonce énorme ! Est-ce que j'ai assez confiance pour en parler à Providence, alors que c'est encore préliminaire ? Il y aura Yan Guo, par qui le Problème est arrivé, ce sera un exposé très important.

Sur le brouillon, je commence à esquisser l'amélioration, à refaire les calculs. Ça me saute aux yeux : il y a quelque chose qui cloche, une contradiction.

— C'est pas possible que je puisse démontrer une estimée aussi forte...

Encore quelques minutes et je me convaincs qu'il y a une faute dans certaines parties complexes de la preuve. Est-ce que tout est faux ? L'aéroport tangue autour de moi.

Je me reprends. La faute, Cédric, ne peut pas être trop grave. L'ensemble du papier fonctionne trop bien, la faute doit être locale, seulement dans ce passage. Et c'est parce que le calcul est obscurci par ces deux shifts à la noix, ce double décalage en temps que tu as introduit en revenant du Muséum ! Mais Clément a bien montré ensuite comment s'en passer ! ! Alors il va falloir les virer, c'est trop dangereux – dans une preuve de cette complexité, la moindre source d'obscurité doit être éliminée.

Quand même, ce double décalage, si je ne l'avais pas trouvé, on serait peut-être restés coincés pour de bon. C'est lui qui nous a rendu l'espoir, nous a permis d'avancer à nouveau, même si après on a compris qu'on pouvait s'en passer. Et finalement c'est faux ! ? Mais on va tout réécrire calmement, sans faire appel à lui.

Pour l'instant je vais voir comment faire l'annonce à Providence. Il faut indiquer que je pense avoir identifié la source d'amélioration, c'est important parce que ça répondrait aux deux critiques que l'on fait toujours sur le résultat... mais en même temps, il ne faut pas tricher, pas de bluff cette fois !

Palm Beach vers Providence, quel voyage mouvementé, finalement.

*

Récapitulatif de votre réservation West Palm Beach–Providence

Détails du vol : dimanche 1er novembre 2009
Durée du trajet : 6h39

Départ : 15h00
West Palm Beach, PBI (Floride, États-Unis)

Arrivée : 16h53
Charlotte Douglas (Caroline du Nord, États-Unis)

US Airways 1476 Boeing 737-400 Classe Économique.

Départ : 19h49
Charlotte Douglas (Caroline du Nord, États-Unis)

Arrivée : 21h39
Providence TF Green (Rhode Island, États-Unis)

US Airways 828   Airbus Industrie A319
Classe Économique.

*

Coulomb/Newton (most interesting case)

In the proof the Coulomb/Newton interaction and the analytic regularity are **both** critical; but it still works on *exponentially large times* "because"
- the expected linear decay is exponential
- the expected nonlinear growth is exponential
- the Newton scheme converges bi-exponentially

Still it seems possible to go further by exploiting the fact that *echoes at different spatial frequencies are asymptotically rather well separated*

(Extrait de mon exposé à Brown University, 2 novembre 2009.)

CHAPITRE 38

Saint-Rémy-lès-Chevreuse, le 29 novembre 2009

Dimanche matin, je griffonne dans mon lit, c'est un moment privilégié dans une vie de mathématicien.

Je relis la dernière version de notre article, je biffe, je corrige. Je suis plus serein que je ne l'ai été depuis bien des mois ! Nous avons tout réécrit. Éliminé les doubles shifts traîtres. Réussi à exploiter la séparation temporelle asymptotique des échos, changé le cœur de la démonstration, étudié mode par mode ce qui auparavant était géré globalement, relaxé la condition d'analyticité, et puis inclus le cas coulombien en temps infini, dont tout le monde nous rebattait les oreilles... tout refait, tout simplifié, tout relu, tout amélioré, tout relu encore.

Tout cela aurait pu prendre bien trois mois, mais avec l'exaltation, trois semaines ont suffi.

En relisant les détails, plus d'une fois on s'est demandé comment on avait pu trouver telle ou telle astuce.

Le résultat maintenant est bien plus fort. On a aussi résolu par la même occasion un problème qui intriguait les spécialistes comme Guo depuis longtemps, en termes techniques ça s'appelle la « stabilité orbitale d'équilibres homogènes linéairement stables non monotones ».

On a ajouté des passages, mais on a aussi simplifié par ailleurs, de sorte que c'est à peine plus long qu'au départ.

De nouvelles simulations numériques sont arrivées. Quand j'ai vu les premiers résultats la semaine dernière, j'ai sauté au plafond : les calculs que Francis avait réalisés par ordinateur avec une recette extrêmement précise semblaient être en parfaite contradiction avec nos résultats théoriques ! Mais je ne me suis pas démonté, j'ai fait part de mes doutes à Francis, et il a tout repris avec une autre méthode censée être encore plus précise. Quand les nouveaux résultats sont arrivés, cette fois ils collaient bien avec la prédiction théorique. Ouf ! Comme quoi les calculs ne remplacent pas la compréhension qualitative.

Demain, on sera prêts pour mettre la nouvelle version à disposition sur Internet. Et à la fin de la semaine, on pourra resoumettre à *Acta Mathematica*, avec de bien meilleures chances de succès.

Dans un coin de ma tête, je ne peux m'empêcher de penser à Poincaré lui-même. L'un de ses plus célèbres articles a été repoussé par *Acta*, corrigé et finalement publié. Peut-être que la même chose va m'arriver ? C'est déjà une année Poincaré, puisque j'ai reçu le prix Poincaré, que je dirige l'Institut Poincaré...

Poincaré, quand même... Attention, Cédric, au délire mégalomane.

*

Paris, December 6, 2009

Cédric Villani
École Normale Supérieure de Lyon
& Institut Henri Poincaré
11 rue Pierre & Marie Curie
F-75005 Paris, FRANCE
cvillani@umpa.ens-lyon.fr

To Johannes Sjöstrand
Editor of Acta Mathematica
IMB, Université de Bourgogne
9, Av. A. Savarey, BP 47870
F-21078 Dijon, FRANCE
johannes.sjostrand@u-bourgogne.fr

Resubmission to *Acta Mathematica*

Dear Professor Sjöstrand,

Following your letter of October 23, we are glad to submit a new version of our paper, On Landau damping, *for possible publication in* Acta Mathematica.

We have taken good note of the concerns expressed by some of the experts in the screening reports on our first submission. We believe that these concerns are fully addressed by the present, notably improved, version.

First and maybe most importantly, the main result now covers Coulomb and Newton potentials; in an analytic setting this was the only remaining gap in our analysis.

Analyticity is a classical assumption in the study of Landau damping, both in physics and mathematics; it is mandatory for exponential convergence. On the other hand, it is very rigid, and one of the referees complained that our results were tied to analyticity. With this new version this is not so, since we are now able to cover some classes of Gevrey data.

225

In the first version, we wrote "we claim that unless some new stability effect is identified, there is no reason to believe in nonlinear Landau damping for, say, gravitational interaction, in any regularity class lower than analytic." Since then we have identified precisely such an effect (echoes occurring at different frequencies are asymptotically well separated). Exploiting it led to the above-mentioned improvements.

As a corollary, our work now includes new results of stability for homogeneous equilibria of the Vlasov–Poisson equation, such as the stability of certain nonmonotone distributions in the repulsive case (a longstanding open problem), and stability below the Jeans length in the attractive case.

Another reservation expressed by an expert was our use of nonconventional functional spaces. While this may be the case for our "working norm", it is not so for the naive norm appearing in our assumptions and conclusions, already used by others. Passing from one norm to the other is done by means of Theorem 4.20.

The paper was entirely rewritten to incorporate these improvements, and carefully proofread. To prevent further inflation of the size, we have cut all developments and comments which were not strictly related to our main result; most of the remaining remarks are those intended to just explain the results and methods.

As a final comment about the length of our work, we are open to discussion regarding adjustments of organization of the paper, and we note that the modular presentation of the tools used in our work probably makes it possible for some referees to work in team, thereby hopefully alleviating their task.

We very much hope that this paper will satisfy the experts and remain

Yours truly,

Clément Mouhot & Cédric Villani

ON LANDAU DAMPING

C. MOUHOT AND C. VILLANI

ABSTRACT. Going beyond the linearized study has been a longstanding problem
in the theory of Landau damping. In this paper we establish exponential Landau damping in analytic regularity. The damping phenomenon is reinterpreted in
terms of transfer of regularity between kinetic and spatial variables, rather than
exchanges of energy; phase mixing is the driving mechanism. The analysis involves
new families of analytic norms, measuring regularity by comparison with solutions
of the free transport equation; new functional inequalities; a control of nonlinear
echoes; sharp scattering estimates; and a Newton approximation scheme. Our
results hold for any potential no more singular than Coulomb or Newton interaction; the limit cases are included with specific technical effort. As a side result, the
stability of homogeneous equilibria of the nonlinear Vlasov equation is established
under sharp assumptions. We point out the strong analogy with the KAM theory,
and discuss physical implications.

CONTENTS

Keywords. Landau damping; plasma physics; galactic dynamics; Vlasov-Poisson
equation.
AMS Subject Classification. 82C99 (85A05, 82D10)

CHAPITRE 39

Saint-Rémy-lès-Chevreuse, le 7 janvier 2010

La lecture du courrier électronique, dès le lever – comme une première injection de drogue douce intellectuelle.

Parmi les nouveaux messages, mon collaborateur Laurent Desvillettes me transmet une sombre nouvelle : notre ami commun Carlo Cercignani est mort.

Le nom de Cercignani est indissociable de celui de Boltzmann. Carlo a consacré sa vie professionnelle à Boltzmann, à ses théories, à son équation, à toutes ses applications. Il a écrit trois livres de référence sur le sujet ; celui qu'il a publié en 1975 est le premier ouvrage de recherche que j'ai lu dans ma vie.

Malgré son obsession boltzmannienne, Cercignani était extraordinairement diversifié. À travers l'équation de Boltzmann il a exploré quantité de domaines mathématiques qui étaient liés, de près ou de très loin, à son équation chérie.

Et puis cet homme universel, polyglotte et cultivé, ne s'est pas limité aux sciences : ses œuvres incluent une pièce de théâtre, un recueil de poèmes et des traductions de Homère.

Mon premier résultat important, ou du moins le premier dont je suis vraiment fier, portait sur la « Conjecture de Cercignani ». Avec mes vingt-trois ans et mon enthousiasme tout neuf, j'étais l'invité de Giuseppe Toscani à Pavie. Giuseppe m'avait confié son idée pour avancer sur la fameuse conjecture, m'avait suggéré de l'essayer pendant mon bref séjour. En quelques heures j'avais bien compris que son idée naïve n'avait aucune chance de fonctionner... mais au passage j'avais noté un calcul intéressant, un calcul qui « sonnait bien ». Un peu comme une nouvelle identité remarquable. Et à partir de là, je lançais une nouvelle idée ; la fusée mathématique était prête à décoller.

J'avais ensuite montré à Giuseppe comment on pouvait ramener le problème de Cercignani, sur la production d'entropie dans l'équation de Boltzmann, à une estimation de la production d'entropie dans un problème de physique des plasmas, que par hasard j'avais déjà étudié avec Laurent. Et puis j'y avais ajouté une pincée de théorie de l'information, un sujet qui m'a toujours passionné. Incroyable concours de circonstances, qui ne se serait pas produit si Giuseppe n'avait eu sa mauvaise idée précisément au moment de ma visite !

Nous avions alors *presque* résolu la conjecture, et j'avais plus tard présenté avec émotion ces résultats aux meilleurs experts de l'équation de Boltzmann, lors d'un colloque à Toulouse. Comme beaucoup d'autres, Carlo m'avait découvert à cette occasion, il était aux anges et me l'avait fait savoir. Il m'avait harangué d'une voix vibrante : « Cédric, prove my conjecture ! »

À vingt-trois ans, c'était l'un de mes premiers articles. Mais cinq ans plus tard, pour mon vingt-troisième article, je revenais sur ce problème avec plus d'expérience et de technique, et je réussissais, enfin, à prouver la fameuse conjecture ; Carlo en était si fier.

Carlo comptait sur moi pour résoudre certains des problèmes les plus rageants et les plus importants qui restent dans l'étude de l'équation de Boltzmann. Cela faisait partie de mes rêves aussi, mais j'ai divergé sans crier gare, d'abord vers le transport optimal et la géométrie, ensuite vers l'équation de Vlasov et l'amortissement Landau.

Je compte bien revenir à Boltzmann, plus tard. Mais même si je réalise mes rêves en la matière, je n'aurai jamais la joie et la fierté d'annoncer à Carlo que j'ai apprivoisé son monstre préféré, celui pour lequel il aurait tout donné.

*

La conjecture de Cercignani concerne les liens entre l'entropie et la production d'entropie dans un gaz. Pour simplifier, oublions les inhomogénéités spatiales du gaz, de sorte que seule la distribution de vitesses compte. Soit donc une distribution de vitesses $f(v)$ dans un gaz hors d'équilibre : la distribution n'est pas égale à la gaussienne $\gamma(v)$, et par conséquent l'entropie n'est pas aussi élevée qu'elle pourrait l'être. L'équation de Boltzmann prédit que l'entropie va croître, mais va-t-elle croître beaucoup ou très peu ?

La conjecture de Cercignani espère que l'augmentation instantanée d'entropie est au moins proportionnelle à la différence entre l'entropie de la gaussienne et l'entropie de la distribution qui nous intéresse :

$$\dot{S} \geq K \left[S(\gamma) - S(f) \right].$$

Cette conjecture a des implications sur la vitesse à laquelle la distribution converge vers l'équilibre, une question fondamentale puisqu'elle est liée à la fascinante découverte de l'irréversibilité par Boltzmann.

Au début des années 90, Laurent Desvillettes, puis Eric Carlen et Maria Carvalho, travaillèrent sur cette conjecture, obtinrent des résultats partiels ; bien qu'ils aient ouvert des horizons complètement nouveaux, ils étaient encore loin du compte. Et Cercignani lui-même, avec l'aide du Russe Sasha Bobylev, montra que sa conjecture était trop optimiste, ne pouvait être vraie... sauf peut-être en considérant des collisions extrêmement fortes, des interactions plus dures que les sphères dures, avec une section efficace croissant au moins proportionnellement à la vitesse relative – des « sphères très dures », comme on dit dans le jargon de la théorie cinétique des gaz.

Mais en 1997, Giuseppe Toscani et moi-même montrions une borne « presque » aussi bonne :

$$\dot{S} \geq K_\varepsilon \left[S(\gamma) - S(f) \right]^{1+\varepsilon},$$

où ε est aussi petit que l'on souhaite, sous certaines hypothèses techniques sur les collisions.

En 2003, je montrais que ce résultat reste vrai pour toutes les interactions raisonnables ; et surtout je parvenais à montrer que la conjecture est vraie si les collisions à grande vitesse sont du type des sphères très dures. L'identité clé, découverte avec Toscani en 1997, était la suivante :

Si $(S_t)_{t \geq 0}$ est le semi-groupe associé à l'équation de Fokker–Planck, $\partial_t f = \nabla_v \cdot (\nabla_v f + f v)$, et $\mathcal{E}(F, G) := (F - G) \log(F/G)$, alors

$$\left. \frac{d}{dt} \right|_{t=0} [S_t, \mathcal{E}] = -\mathcal{J},$$

$$où \quad \mathcal{J}(F, G) = \left| \nabla \log F - \nabla \log G \right|^2 (F + G).$$

Cette identité joue un rôle clé dans la formule de représentation

$$\dot{S}(f) \geq K \int_0^{+\infty} e^{-4Nt} \int_{\mathbb{R}^{2N}} (1 + |v - v_*|^2)$$

$$\times \mathcal{J}(S_t F, S_t G) \, dv \, dv_* \, dt,$$

où $F(v, v_*) = f(v) f(v_*)$ et $G(v, v_*)$ est la moyenne de tous les produits $f(v') f(v'_*)$ quand (v', v'_*) décrit tous les couples *de vitesses postcollisionnelles compatibles avec les vitesses précollisionnelles (v, v_*). Cette formule est à la base de la solution de la conjecture de Cercignani.*

Carlo Cercignani

Theorem *(Villani, 2003). Let $S(f) = -\int f \log f$ denote the Boltzmann entropy associated with a velocity distribution $f = f(v)$. Let B be a Boltzmann collision kernel satisfying $B(v - v_*, \sigma) \geq K_B(1 + |v - v_*|^2)$ for some constant $K_B > 0$, and denote by $\dot{S}$ the associated entropy production functional,*

$$\dot{S} = \frac{1}{4} \iiint \left(f(v') f(v'_*) - f(v) f(v_*) \right)$$

$$\times \log \frac{f'(v) f'(v_*)}{f(v) f(v_*)} B \, dv \, dv_* \, d\sigma.$$

Let $f = f(v)$ be a probability distribution on $\mathbb{R}^N$ with zero mean and unit temperature. Then

$$\dot{S}(f) \geq \left(\frac{K_B |S^{N-1}|}{4(2N+1)} \right) (N - T^*(f)) [S(\gamma) - S(f)],$$

where

$$T^*(f) = \max_{e \in S^{N-1}} \int_{\mathbb{R}^N} f(v)(v \cdot e)^2 \, dv.$$

CHAPITRE 40

Fin d'après-midi, dans mon grand bureau de l'Institut Henri Poincaré. J'ai fait agrandir le beau tableau noir et éliminer quelques meubles pour dégager de l'espace. J'ai longuement réfléchi à la façon dont je vais réaménager ce bureau.

D'abord, le climatiseur encombrant va disparaître, en été c'est normal d'avoir chaud !

Contre le mur, une grande vitrine accueillera quelques objets personnels, et quelques-uns des fleurons de la collection de modèles géométriques de l'Institut.

À ma gauche, j'installerai le buste un peu austère de Henri Poincaré promis par son petit-fils, François Poincaré.

Et derrière moi, j'ai réservé un large espace pour un portrait de Catherine Ribeiro ! J'ai déjà choisi l'image, trouvée sur Internet, Catherine écartant les bras en signe de lutte, de paix, de force et d'espoir. Bras écartés comme le révolté du *Tres de Mayo* de Goya face aux soldats de Napoléon, ou comme la Nausicaä de Miyazaki face aux soldats de Péjité. C'est une image de force mais aussi d'abandon et de vulnérabilité. J'aime bien cela aussi : on ne progresse guère si l'on n'accepte pas de se mettre en position vulnérable. Cette image de la pasionaria chanteuse, reprise par Baudoin dans sa magnifique *Salade niçoise*, il me la faut pour veiller sur moi, il faudra que je la négocie directement auprès de Catherine.

Aujourd'hui comme toujours, des rendez-vous, des discussions, des réunions. Un long coup de téléphone avec mon président de conseil d'administration, P-DG d'une entreprise d'actuariat, passionné par l'engagement du secteur privé au service de la recherche scientifique. Et cet après-midi, une séance de photographies, pour illustrer une interview dans un magazine de vulgarisation scientifique. Rien de tout cela n'est pesant, c'est un univers passionnant que je découvre depuis six mois ; nouveaux contacts, nouvelles relations, nouvelles discussions.

Alors que le photographe prépare son matériel dans mon bureau, installant trépied et réflecteur, le téléphone sonne, je décroche distraitement.

— Allô, oui.

— Hello, is this Cédric Villani ?

— Yes, this is me.

— This is László Lovász from Budapest.

Mon cœur s'arrête un instant. László est le président de l'Union mathématique internationale, et, en tant que tel, président du comité pour la médaille Fields. C'est d'ailleurs la seule information que j'ai sur ce comité : à part lui, je n'ai pas la moindre idée des personnes qui le constituent.

— Hello, Professor Lovász, how are you doing ?

— Good, I'm fine, I have news, good news for you.

— Oh, really ?

C'est comme dans un film... je sais que c'est la phrase qu'a entendue Wendelin Werner il y a quatre ans déjà. Mais si tôt dans l'année ?

— Yes, I'm glad to announce that you have won a Fields Medal.

— Oh, this is unbelicvable ! this is one of the most beautiful days in my life. What should I say ?

— I think you should just be glad and accept it.

Depuis que Grigori Perelman a refusé la médaille Fields, le comité doit être inquiet : et si jamais d'autres maintenant la refusaient ? Mais je suis loin d'avoir le niveau de Perelman, et j'accepte sans faire le délicat.

László continue à évoquer la médaille. Le comité a décidé de l'annoncer tôt aux lauréats, pour être sûr que l'information viendra du comité, plutôt que d'une fuite.

— It is very important that you keep it perfectly secret, reprend Lovász. You can tell it to your family, but that is all. None of your colleagues should know.

Je garderai donc le secret, pendant... six mois. Que c'est long ! Dans six mois et trois jours très précisément, les télévisions du monde entier annonceront la nouvelle. D'ici là je dois garder le lourd secret et me préparer intérieurement.

Comme ils passeront lentement, ces six mois. Pendant ce temps, les spéculations iront bon train sur les lauréats des médailles, mais ma bouche restera scellée. Comme le rappellera ma collègue lyonnaise Michelle Schatzman, « ceux qui savent ne disent pas, et ceux qui disent ne savent pas ».

Avant le coup de fil de Lovász, je me donnais 40 % de chances de décrocher la Médaille. Maintenant je passe à 99 % ! Mais pas encore 100 %, en effet il reste la possibilité d'un canular. Comme Landau avait fait avec un camarade, pour jouer un bon tour à un collègue qu'ils avaient dans le nez : ces salauds lui avaient envoyé un faux télégramme de félicitations de l'Académie royale de Suède. *Félicitations, vous avez gagné le prix Nobel, etc.*

Alors ne te réjouis pas encore complètement, Cédric, qui te dit que c'était bien Lovász au bout du téléphone ? Tu attendras la confirmation par mail avant de te laisser aller pleinement !

Ah, le secret, oui... Mais, le photographe dans mon bureau !?

Apparemment il n'a rien entendu, il ne doit pas comprendre l'anglais. Espérons. La séance photo reprend. Une photo devant l'institut, une photo avec mon trophée de physique mathématique, ...

— Je crois qu'on a les photos pour illustrer l'article, tout va bien. Au fait je voulais vous demander, dans l'article on dit que vous allez peut-être gagner un prix, quelque chose ?

— Quoi, vous voulez dire la médaille Fields ? Le journaliste spécule là-dessus, mais ça se décide seulement dans longtemps, le congrès est en août prochain.

— Ah bon, d'accord. Vous avez confiance ?

— Boh vous savez, c'est vraiment difficile à prédire... Personne peut trop savoir !

*

Après la Première Guerre mondiale, il faut recoller les morceaux entre les peuples, dans une Europe en décomposition sur laquelle le traité de Versailles pèse d'un poids écrasant. Ce qui est vrai pour la société l'est aussi pour la science : il faut rebâtir des institutions.

Alors qu'en France le mathématicien et homme politique Émile Borel fait dresser les plans de l'Institut Henri Poincaré, au Canada le mathématicien John Charles Fields, influent membre de l'Union mathématique internationale, a l'idée de créer une médaille pour mathématiciens, une récompense qui servirait à la fois à saluer de grands travaux, à l'image du prix Nobel ; et à encourager de jeunes talents. En complément de la médaille viendrait une modeste récompense financière.

Fields trouva les fonds pour réaliser son projet, fit faire les illustrations par un sculpteur canadien, et choisit les inscriptions en latin, langue universelle qui refléterait l'universalité de la mathématique.

Au recto, un profil d'Archimède, accompagné de l'inscription TRANSIRE SUUM PECTUS MUNDOQUE POTIRI – S'élever au-dessus de soi-même et conquérir le monde.

Au verso, des lauriers, l'illustration d'un théorème d'Archimède sur le calcul des volumes des sphères et des cylindres, et l'inscription CONGREGATI EX TOTO ORBE MATHEMATICI OB SCRIPTA INSIGNIA TRIBUERE – Les mathématiciens rassemblés du monde entier ont récompensé pour des contributions exceptionnelles.

Et sur la tranche, le nom du lauréat et l'année de la distinction.

Le tout en or massif.

Il ne souhaitait pas donner de nom à cette récompense, mais à sa mort le nom de médaille Fields s'imposa. Elle fut décernée en 1936 pour la première fois, puis tous les quatre ans depuis 1950, à l'occasion du Congrès International des Mathématiciens, le grand rendez-vous de la planète mathématique, un événement qui de nos jours rassemble jusqu'à 5 000 participants, dans un lieu qui change d'une édition à l'autre.

Pour respecter la volonté de Fields d'en faire un prix d'encouragement, le prix est attribué à des chercheurs de moins de 40 ans. La règle du décompte de l'âge a été précisée en 2006 : 40 ans maximum au 1ᵉʳ janvier de l'année où se tient le congrès. Quant au nombre de médailles, il varie entre 2 et 4, selon les éditions.

Un solide embargo sur la décision du jury, allié à une sérieuse préparation de la presse, assure à la remise des médailles Fields un retentissement sans équivalent dans le monde mathématique. La médaille est souvent décernée par le chef de l'État dans lequel se tient le congrès, et la nouvelle fait aussitôt le tour du monde.

CHAPITRE 41

RER B, le 6 mai 2010

Parmi les transports en commun parisiens, les RER sont tous remarquables à des titres divers. Pour le RER B, celui que je prends quotidiennement, on peut dire qu'il tombe en panne tous les jours ou presque, et qu'il est parfois bondé jusqu'à minuit ou une heure du matin. (Il faut être juste, il a aussi des qualités : il veille à ce que ses usagers aient une activité physique régulière, en les faisant souvent changer de train en cours de route ; et il prend soin de leur agilité intellectuelle, en maintenant le suspense quant aux horaires d'arrivée des trains et aux stations desservies.)

Mais ce matin, il est très, très tôt et la rame est presque vide. De retour d'un colloque au Caire, je rentre chez moi.

L'aller au Caire était somptueux, en compagnie de la passagère la plus mignonne que l'on vît jamais. Nous avons regardé ensemble un film sur mon ordinateur, partageant nos écouteurs comme frère et sœur (toujours voler en classe économique, les filles y sont statistiquement plus mignonnes).

Le retour était moins glamour à tous points de vue. Et surtout, je suis arrivé à l'aéroport Charles-de-Gaulle après 22 heures, m'attirant les pires ennuis (ne jamais acheter un billet pour un avion qui arrive à CDG après 22 heures). Plus possible de prendre le RER pour rentrer à Paris, mais je ne voulais pas pour autant baisser les bras et prendre un taxi, alors j'ai attendu la navette... La première était pleine avant même d'arriver à mon arrêt, la deuxième était pleine aussi ; quant à monter dans la troisième, cela aurait été envisageable si j'avais choisi – comme d'autres passagers – de monter en force et de passer outre aux consignes du conducteur. Bref, je suis arrivé à Paris à deux heures du matin. Par chance mon ancien appartement parisien était vide, j'ai pu y dormir quelques heures, avant de me remettre en route pour la banlieue sud.

Dans le RER, je passe mon courrier en revue, hors connexion comme toujours. Tant et tant de mails... Mais depuis le coup de fil de Lovasz en février, et la confirmation survenue quelques jours plus tard, je commence à sentir moins de pression sur mes épaules. Ce n'est pas venu d'un coup : il faudra encore des mois avant que le sentiment d'*urgence* me quitte. Et puis, dans trois mois et demi j'aurai à faire face à une autre pression. En attendant, je dois savourer ce sentiment de relâchement.

Un message m'informe que je suis le seul retenu sur le poste 1928 en mutation à l'Université de Lyon-I. Bonne nouvelle. De toute façon, 1928 ne pouvait que me porter bonheur, c'est l'année de la fondation de l'Institut Poincaré ! La mutation à Lyon-I me permettra de garder une attache scientifique lyonnaise, sans pour autant bloquer un poste à l'École normale supérieure de Lyon, où les enseignants sont rares.

Une mendiante tente sa chance auprès des rares passagers. De sa voix cassée, elle engage la conversation.

— Tu rentres de vacances avec ce gros sac ?

— Vacances ? Oh non ! mes dernières vacances c'était à Noël... et les prochaines ne sont pas près d'arriver.

— Tu reviens d'où ?

— J'étais au Caire, en Égypte, pour le travail.

— C'est bien ! Tu travailles dans quoi ?

— Moi c'est les mathématiques.

— Ah, c'est bien. Allez, salut. Et bon courage pour la suite de tes études !

Je souris, cela me fait forcément plaisir qu'on me prenne encore pour un étudiant. Mais après tout elle a raison, je suis toujours étudiant... pour toute la vie peut-être.

*

Aujourd'hui j'étais en vol et me suis « amusé » à prendre 5 minutes pour essayer de ressentir tous les phénomènes électriques, électroniques, électromagnétiques, aérodynamiques, mécaniques, qui s'exerçaient dans et autour de l'avion. Tous ces petits phénomènes séparés qui font un tout qui fonctionne ! C'est fascinant de prendre conscience de ce qui nous entoure... fascinant !

Malheureusement, aux commandes d'un avion on a rarement plus de 5' pour ce genre de réflexions.

Bien à vous.

(Extrait d'un e-mail reçu le 9 septembre 2010 d'un inconnu.)

CHAPITRE 42

Église de Saint-Louis-en-l'Île, le 8 juin 2010

Je repousse un tout petit peu trop brusquement l'encensoir que l'on vient de me tendre. Costume noir, ascot noir autour du col en signe de deuil, araignée verte au revers en signe d'espoir, sous la voûte gigantesque je m'avance vers le cercueil, le touche et m'incline respectueusement. À quelques centimètres repose la dépouille de Paul Malliavin, figure tutélaire des probabilités de la seconde moitié du vingtième siècle. Inventeur du fameux « calcul de Malliavin », il a contribué plus que quiconque au rapprochement entre probabilités, géométrie et analyse, un rapprochement dans lequel je m'inscris par mes travaux sur le transport optimal. Comme j'aime bien me le répéter à l'occasion, « dans Malliavin il y a Villani ».

Malliavin était un personnage complexe et fascinant, à la fois conservateur et iconoclaste, doté d'un cerveau exceptionnel. Il m'a suivi depuis le début de ma carrière, m'a encouragé et mis le pied à l'étrier. Il m'a aussi confié d'importantes responsabilités dans le comité éditorial de son enfant chéri, le *Journal of Functional Analysis*, qu'il a fondé avec deux chercheurs américains en 1966.

Malgré nos 52 ans d'écart, nous étions devenus amis. Son goût mathématique était proche du mien, et il y avait sans doute de l'admiration réciproque. Nous ne sommes jamais allés au-delà de la formule « Cher Ami », mais ce n'était pas seulement une tournure de politesse, la formule était sincère.

Un jour nous participions tous deux à un colloque en Tunisie – Malliavin avait déjà 78 ans mais il était encore si actif ! Au moment de tirer les conclusions, c'est moi qui officiais en tant que présentateur, et j'ai évoqué en quelques mots son impact phénoménal ; je ne sais plus si je l'ai qualifié de légende vivante, mais c'était l'idée. Malliavin a paru un peu désarçonné face à cette exposition publique, et plus tard il est venu me dire très gentiment, pince-sans-rire : « Vous savez, la Légende est un peu fatiguée. »

Mais quoi qu'il ait pu dire, Paul Malliavin est mort sans baisser la garde, « faisant des mathématiques jusqu'à la dernière minute », comme l'a annoncé son gendre. Mort le même jour que Vladimir Arnold, un autre géant mathématique du vingtième siècle, au style complètement différent.

Il faudra continuer sans lui. Vous pouvez compter sur moi, cher ami, le *Journal of Functional Analysis* est en de bonnes mains.

Et... j'aurais été tellement fier de vous parler de ce coup de fil secret que j'ai reçu en février, je sais que vous en auriez été ravi.

À peine la cérémonie s'achève-t-elle, je dois rentrer en courant à l'Institut Henri Poincaré, où se tient aujourd'hui la conclusion du grand colloque que nous coorganisons avec le Clay Mathematics Institute, pour célébrer la résolution de la Conjecture de Poincaré par Grigori Perelman. Il faut que je sois présent à la fin du dernier exposé pour prononcer quelques mots en guise de conclusion ; pour écarter tout risque de retard, je dois courir à toutes jambes à travers les rues de Paris, de l'île Saint-Louis jusqu'au cœur du cinquième arrondissement. Si « Monsieur Paul » me voyait, avec mon visage rouge, tout en sueur dans mon costume et soufflant comme une locomotive, il aurait un petit sourire. C'est bête, je me demande si je me suis incliné comme il convenait devant le cercueil. De toute façon, c'était sincère, c'est ce qui compte.

Grigori Perelman

Au tournant du vingtième siècle, Henri Poincaré développait un tout nouveau champ mathématique, la topologie différentielle, dont le but est de classer les formes qui nous entourent, à déformation près.

En déformant un beignet, on obtient une tasse, mais jamais une sphère : la tasse a un trou (une anse), la sphère n'en a pas. De manière générale, pour comprendre les surfaces (les formes sur lesquelles un point se repère au sein d'une petite région par deux coordonnées, telles que longitude et latitude), il suffit de compter le nombre d'anses.

Mais nous vivons dans un univers à trois dimensions d'espace. Est-ce que pour classifier de tels objets il suffit de compter le nombre de trous ? C'est la question que posa Poincaré en 1904, au terme d'une imposante série de six articles où il jeta, dans un certain désordre et avec un génie incontestable, les bases de la topologie naissante. Poincaré se demanda donc si toutes les formes de dimension 3, bornées (disons des univers finis), sans trou, sont équivalentes. L'une de ces formes était toute trouvée, c'était la 3-sphère, la sphère à trois coordonnées dans l'espace de dimension 4. En termes techniques, la Conjecture de Poincaré s'énonce ainsi : Une variété lisse de dimension 3, compacte et sans bord, simplement connexe, est difféomorphe à la 3-sphère.

Cet énoncé plausible est-il vrai ? Poincaré posa la question et conclut avec ces mots admirables, qui valent presque la fameuse « marge étroite » de Fermat : « Mais cette question nous entraînerait trop loin. »

Les temps et les temps passèrent...

La Conjecture de Poincaré devint l'énigme la plus célèbre de toute la géométrie, irriguant tout le vingtième siècle, source de pas moins de trois médailles Fields pour des progrès partiels sur cette question.

Une étape décisive survint quand William Thurston se mit de la partie. Géomètre visionnaire, Thurston avait une intuition extraordinaire de l'ensemble de toutes les formes de dimension 3 – tous les univers possibles. Il proposa une sorte de classification zoologique, taxonomique, de ces formes de dimension 3 ; et cette classification était si magnifique que les sceptiques se rallièrent, ceux qui doutaient encore de Poincaré s'inclinèrent devant une vision si belle qu'elle devait être vraie. C'était le Programme de Thurston, qui englobait la Conjecture de Poincaré, et dont Thurston lui-même ne parvint à explorer qu'une partie.

En 2000, *le Clay Mathematics Institute choisit bien évidemment la Conjecture de Poincaré comme l'un des sept problèmes mis à prix pour un million de dollars chacun. On pensait alors que le célèbre problème risquait bien de tenir encore un siècle !*

Mais dès 2002, le mathématicien russe Grigori Perelman stupéfiait la communauté en annonçant une solution de cette conjecture, sur laquelle il avait travaillé en secret pendant sept ans !!

Né en 1966 à Leningrad – alias Saint-Pétersbourg –, Perelman avait attrapé le virus mathématique de sa mère, scientifique de talent, de l'exceptionnelle école mathématique russe, menée par Andreï Kolmogorov, et du club de mathématique où des enseignants passionnés l'avaient préparé aux Olympiades internationales. Il avait ensuite étudié sous la direction de certains des meilleurs géomètres du siècle : Alexandrov, Burago, Gromov ; il était devenu en quelques années le leader de la recherche en théorie des espaces singuliers à courbure positive. Sa preuve de la « conjecture de l'âme » lui avait valu une grande reconnaissance, il semblait promis à une carrière fulgurante... et puis il avait disparu !

Depuis 1995, Perelman ne donnait plus signe de vie. Mais loin de s'interrompre, il avait repris de Richard Hamilton la théorie du flot de Ricci, une recette qui permet de déformer continûment les objets géométriques en étalant leur courbure, de la même façon que l'équation de la chaleur étale la température. Hamilton avait pour ambition d'utiliser son équation pour démontrer la Conjecture de Poincaré, mais il achoppait depuis de nombreuses années sur des problèmes techniques considérables. La voie semblait condamnée.

Jusqu'à ce fameux courrier électronique de 2002 que Perelman envoya à quelques collègues américains. Un message de quelques lignes, signalant un manuscrit qu'il venait de rendre public sur Internet, et où il esquissait, selon sa propre formule, une « ébauche éclectique de démonstration » de la Conjecture de Poincaré, et en fait d'une grande partie du Programme de Thurston.

Inspiré par la physique théorique, Perelman a montré qu'une certaine quantité, qu'il appelle entropie car elle ressemble à celle de Boltzmann, décroît quand on déforme la géométrie par le flot de Ricci. Grâce à cette découverte originale, d'une profondeur que nous n'avons sans doute pas encore pleinement réalisée, Perelman parvenait à prouver que l'on pouvait laisser le flot de Ricci agir sans jamais aboutir à une explosion, c'est-à-dire à une singularité trop violente. Ou plutôt : si une singularité se produit, on peut la décrire et la contrôler.

Perelman revint alors aux États-Unis pour donner quelques exposés sur ses travaux, et impressionna les observateurs par sa maîtrise du problème. Agacé par la pression médiatique qui s'exerçait sur lui, il était également irrité de la lenteur avec laquelle la communauté mathématique digérait sa preuve. Il rentra à Saint-Pétersbourg et laissa les autres vérifier ses arguments sans lui. Il ne faudrait pas moins de quatre années à différentes équipes pour reproduire la preuve de Perelman et la compléter dans les moindres détails !

L'enjeu considérable de cette démonstration, ainsi que le retrait de Perelman, mirent la communauté mathématique dans une situation inédite, générant des tensions et controverses sur la paternité de la preuve. Quoi qu'il en soit, les mathématiciens finirent par obtenir la certitude que Perelman avait bien démontré la grande conjecture de Géométrisation de Thurston, et la Conjecture de Poincaré avec. Dans les dernières décennies, cet exploit n'a pas d'équivalent, sauf peut-être la preuve par Andrew Wiles du Grand Théorème de Fermat dans les années 90.

Les récompenses ont plu sur Perelman : en 2006, la médaille Fields, puis le titre d'avancée scientifique la plus importante de l'année, un titre qui ne revient quasiment jamais aux mathématiciens. Le prix Clay du Millénaire suivit en 2010, c'était la première fois que ce prix richement doté était *attribué ! Perelman n'avait que faire de ces récompenses, qu'il refusa l'une après l'autre.*

Quantité de journalistes à travers le monde se sont précipités pour commenter son rejet du million de dollars offert par Landon Clay, développant à l'envi le thème du mathématicien fou. Ils ont eu tort, à n'en pas douter : ce qui était extraordinaire dans le cas Perelman, ce n'était ni le refus de l'argent et des honneurs, ni le caractère excentrique – on a connu bien d'autres exemples de l'un et de l'autre –, mais bien la force de caractère et la pénétration extraordinaires qu'il a fallu pour vaincre, en sept années de travail solitaire et courageux, l'énigme mathématique emblématique du vingtième siècle.

En juin 2010, l'Institut mathématique Clay et l'Institut Henri Poincaré organisaient conjointement à Paris un colloque en l'honneur de cet exploit. Quinze mois plus tard, ils annonçaient que l'argent refusé par Perelman servirait à créer une chaire très spéciale basée à l'Institut Poincaré. Cette « chaire Poincaré » accueillera de jeunes mathématiciens extrêmement prometteurs, dans des conditions idéales, sans obligation de cours ni de résidence, pour leur permettre de s'épanouir, de la même façon que Perelman a pu le faire quand il bénéficiait de l'hospitalité de l'Institut Miller à Berkeley.

CHAPITRE 43

Hyderabad, le 19 août 2010

Mon nom retentit dans la salle immense, et mon portrait – lavallière rouge carmin, araignée blanche teintée de mauve –, réalisé par le photographe Pierre Maraval, s'affiche sur l'écran gigantesque. Je n'ai pas dormi de la nuit, pourtant j'ai l'impression de n'avoir jamais été aussi éveillé. C'est l'instant le plus important de ma vie professionnelle, celui dont les mathématiciens rêvent sans oser se l'avouer. Le scientifique plus ou moins anonyme, numéro 333 dans la liste des « Mille Chercheurs » photographiés par Maraval, est en train de passer en pleine lumière.

Je me lève et je m'avance vers l'estrade pendant que la citation retentit : *A Fields Medal is awarded to Cédric Villani, for his proofs of nonlinear Landau damping and convergence to equilibrium for the Boltzmann equation.*

Je monte les marches, en m'efforçant de n'être ni trop lent ni trop rapide, et m'approche de la présidente de l'Inde, au centre de l'estrade. La présidente est petite mais il émane d'elle une puissance qui est palpable dans l'attitude de son entourage. Je m'arrête devant elle ; elle s'incline légèrement et je m'incline en réponse, beaucoup trop. *Namaste.*

Elle me tend la médaille et je la présente à la foule, le buste penché de manière étrange, pour n'être ni tourné de profil vers la foule, ni tourné de profil vers le chef de l'État indien ; plutôt à 45 degrés pour l'un et pour l'autre.

Quelque trois mille personnes m'acclament, dans la gigantesque salle de conférences attenante à l'hôtel de luxe qui héberge le Colloque International des Mathématiciens, cuvée 2010. Il y a dix-huit ans, combien étaient-ils, ceux qui m'applaudissaient après mon discours d'ouverture du Bal du bicentenaire à l'École normale supérieure ? Un millier, peut-être ? *Those were the days...* Mon père avait été tellement triste de ne pas pouvoir capturer d'images de cette cérémonie, suite à un loupé d'organisation. C'était toute une affaire, mais comme cela paraît dérisoire maintenant, en comparaison de l'armée de photographes et cinéastes qui mitraillent la scène ! C'est comme au festival de Cannes...

Je reprends la médaille, nouvelle inclination devant la présidente, trois pas à reculons, je virevolte et me dirige vers le mur, presque exactement comme on l'a répété longuement hier soir avec les organisateurs du colloque.

Pas mal. Je m'en suis mieux tiré qu'Elon Lindenstrauss, qui a été décoré en premier et qui, comme dans un nuage, a massacré toutes les consignes protocolaires. Quand il est passé, Stas Smirnov, un autre lauréat, m'a glissé à l'oreille : « Nous ne pourrons pas faire pire. »

Après l'instant immortalisé par les caméras, je ne sais pas ce qui s'est passé. Puis est venu le moment de présenter les récompenses à la nuée digitale – appareils photos, appareils vidéo, machines captantes et enregistrantes –, puis une conférence de presse...

Dans la salle de la cérémonie, n'ont pu entrer ni ordinateurs ni téléphones portables. Tout à l'heure il y aura 300 mails de félicitations dans ma boîte aux lettres, et bien d'autres suivront. Des mails de collègues, d'amis, de connaissances éloignées, de revenants que je n'ai pas vus depuis dix, vingt ou trente ans, de parfaits inconnus, d'anciens camarades de l'école primaire... Certains sont très émouvants. L'un de ces messages de félicitations m'apprend la mort, voici plusieurs années déjà, d'un ami de jeunesse. On le sait bien, la vie est pleine de joies et de peines entremêlées inextricablement.

Et par voie de presse, un message officiel de félicitations du président de la République. Comme prévu, Ngô a aussi décroché la médaille ; il me faudra un certain temps avant de réaliser pleinement combien cette double victoire française est source de fierté nationale. Sans compter qu'Yves Meyer a obtenu le prestigieux prix Gauss pour l'ensemble de sa carrière ! Les Français vont redécouvrir maintenant que la France est, depuis quatre siècles déjà, à la pointe de la recherche mathématique internationale. En ce 19 août 2010, leur pays ne totalise désormais pas moins de 11 médailles Fields, sur les 53 attribuées à ce jour !

Clément est là, bien sûr, radieux. Dire qu'il y a moins de dix ans, il entrait pour la première fois dans mon bureau de l'ENS Lyon, en quête d'un sujet de thèse... Une chance pour lui, une chance pour moi.

Je quitte la foule pour retrouver ma chambre d'hôtel. Une chambre insipide, où rien n'indique l'Inde ; je pourrais aussi bien être en Terre de Feu ! Mais je suis ici pour accomplir mon devoir.

Quatre heures durant, sans discontinuer, je réponds aux appels téléphoniques des journalistes, jonglant entre téléphones fixe et mobile. À peine un appel est fini, je vérifie mon répondeur et trouve de nouveaux messages, c'est sans fin. Questions personnelles, questions scientifiques, questions institutionnelles. Et des questions qui reviennent souvent à l'identique ou presque. *Qu'est-ce que ça fait, de recevoir cette récompense ?*

Je redescends enfin de ma chambre, un peu pâle et affamé – mais j'en ai vu d'autres. Je me fais servir un thé masala, bien épicé, et je retourne affronter la foule. Une nuée de jeunes se jette sur moi, beaucoup d'Indiens bien sûr. Je signe les autographes par centaines, et je pose, un peu étourdi, pour d'innombrables photographies.

Contrairement aux autres lauréats, je suis venu seul : femme et enfants sont restés en France, à l'abri de la cohue. Je préfère ça ! Et j'ai respecté les consignes, je n'ai parlé de la médaille à personne d'autre qu'à ma femme – pas même à mes parents, qui l'apprendront par la presse !

Et... Catherine Ribeiro a envoyé à mon domicile un superbe bouquet de roses !

Je suis à dix mille lieues d'imaginer que, pendant qu'à Hyderabad je pose pour une foule de photographes improvisés, à Lyon ma collègue Michelle Schatzman se meurt. Fille du grand astrophysicien français Évry Schatzman, Michelle était une des mathématiciennes les plus originales qu'il m'ait été donné de rencontrer, toujours prête à se lancer dans des défis pédagogiques insurmontables ou à explorer les liens auxquels personne d'autre n'osait s'intéresser, comme la frontière entre algèbre et analyse numérique. *Frontières*, c'était le nom d'un programme de recherche rédigé tambour battant par Michelle, aux allures de manifeste. Michelle était une amie depuis mon arrivée à Lyon en 2000 ; nous avions fréquenté des séminaires communs, et comploté ensemble, plus d'une fois, pour attirer tel ou tel excellent mathématicien à l'Université de Lyon.

Michelle Schatzman

Michelle ne mâchait jamais ses mots et excellait à mettre les pieds dans le plat, usant à l'occasion d'un humour noir ravageur. Atteinte d'un cancer incurable depuis plus de cinq ans, elle allait de chimiothérapie en opération, et nous expliquait, les yeux pétillants, combien la vie était belle depuis qu'elle économisait sur les frais de shampooing. Il y a quelques mois nous avions fêté ses soixante ans à Lyon en mathématique. Parmi les orateurs venus d'un peu partout, il y avait le polymorphe Uriel Frisch, physicien de renommée mondiale qui avait été autrefois l'élève du père de Michelle ; et il y avait moi même, fils spirituel d'un de ses fils spirituels. Michelle avait brillamment suggéré un lien entre mon exposé sur l'amortissement Landau et les « tygres » évoqués par Uriel. La classe !

Mais ces dernières semaines son état s'était brusquement aggravé. Fière et droite dans la maladie comme elle l'a été toute sa vie durant, Michelle a refusé la morphine pour garder sa lucidité. Sur son lit de mort, elle a appris les résultats de la médaille Fields qu'elle attendait avec impatience ; et quelques heures plus tard elle s'est éteinte. On le sait : la vie est pleine de joies et de peines entremêlées inextricablement.

*

19 août 2010, en Inde

Depuis ce matin, le grand hôtel d'Hyderabad contient la plus forte concentration de mathématiciens au monde. Venus de tous les continents, ils ont tous apporté leurs compétences mathématiques particulières : analyse, algèbre, géométrie, probabilité, statistique, équations aux dérivées partielles, géométrie algébrique et algèbre géométrique, logique dure et molle, géométrie métrique et ultramétrique, analyse harmonique et harmonieuse, théorie probabiliste des nombres et des ombres, découvreurs de modèles et supermodèles, créateurs de théories économiques et microéconomiques, concepteurs de supercalculateurs et d'algorithmes génétiques, développeurs de traitement d'image et de géométrie banachique, mathématiques d'été, d'automne, d'hiver et de printemps, et mille autres spécialités qui font de la foule une grande déesse Shiva aux mille bras mathématiques.

L'un après l'autre, les quatre lauréats de la médaille Fields, les lauréats des prix Gauss, Nevanlinna et Chern sont offerts en sacrifice à la déesse Shiva. La présidente de l'Inde, grande prêtresse, présente les sept mathématiciens terrorisés aux acclamations de la foule.

C'est le début de la grande fête du Congrès International des Mathématiciens, qui durant deux semaines verra se succéder les exposés, discussions, réceptions, cocktails, interviews, photographies, délégations, soirées dansantes et riantes, virées en taxis de luxe et en rickshaws romantiques. On y célèbre l'unité et la diversité de la mathématique, sa géométrie toujours mouvante, la joie du travail accompli, l'émerveillement devant la découverte, le rêve devant l'inconnu.

Une fois la fête finie, tous les mathématiciens rentreront dans leurs universités et centres de recherche, dans une entreprise ou dans leur foyer, et reprendront chacun à sa manière la grande aventure de l'exploration mathématique, repoussant ensemble les frontières de la connaissance humaine, armés de leur logique et de leur dur labeur, mais aussi de leur imagination et de leur passion.

Et déjà ils pensent au prochain Congrès International des Mathématiciens, dans quatre ans, au sein de la demeure du vénérable tigre coréen. Quels seront les thèmes à l'honneur ? Qui seront les prochaines victimes ?

Quand viendra le moment, des milliers de mathématiciens viendront présenter leurs respects au vieux tigre. Ils exploreront la géométrie de ses formes sinueuses, axiomatiseront son implacable symétrie, testeront sa remuante stochasticité, analyseront la part de réaction-diffusion dans ses rayures, effectueront de la chirurgie différentielle sur les poils de ses moustaches, évalueront la courbure de ses griffes acérées, le délivreront des puits quantiques de potentiel et fumeront avec lui les théories éthérées de cordes et moustaches vibrantes.

Pour quelques jours, le puissant tigre sera mathématicien depuis le bout de la queue jusqu'à la pointe du museau.

Ma contribution à l'édition coréenne du livre *Les Déchiffreurs* (Belin), édité par l'Institut des hautes études scientifiques.

*

Tyger phenomenon for the Galerkin-truncated Burgers and Euler equations (1h00') by Uriel Frisch

It is shown that the solutions of inviscid hydrodynamical equations with suppression of all spatial Fourier modes having wavenumbers in excess of a threshold k_g exhibit unexpected features. The study is carried out for both the one-dimensional Burgers equation and the two-dimensional incompressible Euler equation. At large k_g, for smooth initial conditions, the first symptom of truncation, a localized short-wavelength oscillation which we call a "tyger", is caused by a resonant interaction between fluid particle motion and truncation waves generated by small-scale features (shocks, layers with strong vorticity gradients, etc.). These tygers appear when complex-space singularities come within one Galerkin wavelength $\lambda_g = 2\pi/k_g$ from the real domain and typically arise far away from preexisting small-scale structures at locations whose velocities match that of such structures. Tygers are weak and strongly localized at first – in the Burgers case at the time of appearance of the first shock their amplitudes and widths are proportional to $k_g^{-2/3}$ and $k_g^{-1/3}$ respectively – but grow and eventually invade the whole flow. They are thus the first manifestations of the thermalization predicted by T.D. Lee in 1952. The sudden dissipative anomaly – the presence of a finite dissipation in the limit of vanishing viscosity after a finite time –, which is well known for the Burgers equation and sometimes conjectured for the 3D Euler equation, has as counterpart in the truncated case : the ability of tygers to store a finite amount of energy in the limit $k_g \to \infty$. This leads to Reynolds stresses acting on scales larger than the

Galerkin wavelength and thus prevents the flow from converging to the inviscid-limit solution. There are indications that it may be possible to purge the tygers and thereby to recover the correct inviscid-limit behaviour.

(Résumé d'un article de Samriddhi Sankar Ray, Uriel Frisch, Sergei Nazarenko et Takeshi Matsumoto, présenté à un colloque international par Frisch.)

*

THE TYGER   (William Blake, 1794)

Tyger Tyger burning bright
In the forests of the night
What immortal hand or eye
Could frame thy fearful symmetry

In what distant deeps or skies
Burnt the fire of thine eyes
On what wings dare he aspire
What the hand dare sieze the fire

And what shoulder & what art
Could twist the sinews of thy heart
And when thy heart began to beat
What dread hand & what dread feet

What the hammer what the chain
In what furnace was thy brain
What the anvil what dread grasp
Dare its deadly terrors clasp

When the stars threw down their spears
And water'd heaven with their tears
Did he smile his work to see
Did he who made the Lamb make thee

Tyger Tyger burning bright
In the forests of the night
What immortal hand or eye
Dare frame thy fearful symmetry

CHAPITRE 44

Saint-Rémy-lès-Chevreuse, le 17 novembre 2010

L'automne, tout en or, en rouge et en noir : feuilles d'or, feuilles rouges, corbeaux noirs brillants comme dans la chanson de novembre de Tom Waits.

Je quitte la station de ce cher vieux RER B, et je m'enfonce dans la nuit.

Les trois derniers mois ont été si intenses !

Les autographes.

Les journaux.

Les radios.

Les émissions télé.

Les tournages cinéma.

Mon duo avec Franck Dubosc, que j'ai découvert en direct sur un plateau de Canal+... quelques-uns m'ont reproché de m'être prêté à cette « farce », mais aucune importance ! Le lendemain dans la rue tout le monde m'arrêtait, tout le monde m'avait « vu à la télé ».

Et les rencontres avec les politiques, avec les artistes, avec les étudiants, avec les industriels, avec les patrons, avec les révolutionnaires, avec les parlementaires, avec les énarques, avec le président de la République...

Des questions qui reviennent en boucle. *Comment avez-vous reçu le goût des maths pourquoi les français sont-ils si bons en maths est-ce que la Médaille Fields a changé votre vie quelle est votre motivation maintenant que vous avez eu la distinction suprême êtes-vous un génie quelle est la signification de votre araignée...*

Bao Châu est reparti aux États-Unis, me laissant seul affronter la vague. Cela ne me déplaît pas, c'est passionnant de découvrir ces univers. L'envers du décor de la télévision, des journaux. Je constate par moi-même qu'une interview s'écarte souvent de ce que dit la personne interviewée, qu'une personne médiatique abstraite appelée Cédricvillani est en train de se créer, qui n'est pas vraiment moi et que je ne peux pas vraiment contrôler.

Tout cela, tout en continuant à être directeur... le jour où j'ai donné la réplique à Dubosc, j'ai aussi réalisé une interview sur RTL, participé à une réunion à l'Hôtel de Ville sur les logements universitaires, longuement discuté avec mon président de conseil d'administration, et enregistré pour l'émission littéraire nocturne *Des Mots de Minuit*.

Et puis j'ai coordonné un projet pour récupérer une subvention nationale, via les « Investissements d'avenir » (le Grand Emprunt, comme on dit). Un projet délicat, rassemblant les quatre instituts nationaux et internationaux de mathématique en France : l'Institut Henri Poincaré à Paris (l'IHP), l'Institut des hautes études scientifiques à Bures-sur-Yvette (l'IHÉS), le Centre International de rencontres Mathématiques à Luminy (le CIRM), le Centre international de mathématiques pures et appliquées à Nice (le CIMPA). L'IHÉS est la version française de l'IAS de Princeton où j'ai passé six mois : une magnifique retraite qui en automne retentit du craquement des chutes de châtaignes, où le génial Grothendieck produisit le meilleur de son œuvre incomparable, et où les jeunes chercheurs peuvent faire avancer leurs projets au contact de certains des meilleurs mathématiciens du monde. Le CIRM, lui, avec ses colloques hebdomadaires, serait plutôt la déclinaison française de l'institut d'Oberwolfach, sauf que l'on a remplacé l'austère Forêt-Noire par les somptueuses calanques marseillaises. Quant au CIMPA, organisme résolument international, il s'occupe de soutenir la mathématique dans les pays en voie de développement, partout où cela est nécessaire et bienvenu.

Pour rassembler ces quatre instituts et leurs tutelles si diverses autour d'un même contrat, il a fallu dépenser des trésors de négociations. Après toute une année à la tête de l'IHP et quelques tourmentes diplomatiques, j'étais prêt à effectuer ce délicat travail de coordination. Le rassemblement se nommera CARMIN : Centres d'Accueil et de Rencontres Mathématiques INternationales.

En marge de ces activités, j'ai créé deux nouveaux exposés grand public, écrit un long texte sur « Le Temps » pour un séminaire de physique théorique... et j'ai dû reprendre à mon compte certaines activités administratives supplémentaires pour pallier l'absence de plusieurs personnels de l'IHP, frappés par une véritable série noire de maladies diverses. Heureusement que les personnels restés en bonne santé sont si dévoués !

Pendant ces trois mois, j'ai dépensé toutes mes réserves, j'en étais jusqu'à planifier mes heures de sommeil plusieurs jours à l'avance. *Hasta que el cuerpo aguante !* Tout en repensant à cet automne épuisant, je continue à marcher, j'arrive maintenant dans la partie **noire** de mon trajet.

À ma gauche, la forêt, où fourragent renards et biches ; à ma droite, un pré où dorment de paisibles vaches. Mais surtout, pour les trois cents mètres qui viennent, c'est un chemin de terre complètement noir, sans le moindre éclairage public, sans la moindre pollution lumineuse.

Ça n'a pas de prix, un chemin sans éclairage ! Quand la lune est cachée, on ne voit pas à trois mètres. Le pas accélère, le cœur bat un peu plus vite, les sens sont en alerte. Un craquement dans les bois fait dresser l'oreille, on se dit que la route semble plus longue que d'habitude, on s'imagine un rôdeur à l'affût, on se retient pour ne pas courir.

Ce tunnel noir, c'est un peu comme la phase de noir complet qui caractérise le début d'un projet de recherche mathématique. *Un mathématicien est comme un aveugle dans une pièce noire, cherchant à voir un chat noir, qui n'est peut-être même pas là...* C'est Darwin qui l'avait dit, il avait raison ! Le noir total, Bilbo dans le tunnel de Gollum.

Cette période noire qui marque les premiers pas d'un mathématicien en territoire inconnu, c'est la première phase du cycle habituel.

Après le noir vient une petite, petite lueur fragile, qui nous fait penser que quelque chose se prépare... Puis après la petite, petite lueur, si tout va bien, on démêle le fil, et c'est l'arrivée au grand jour ! On est fier et sûr de soi, on expose partout. Souvent cette phase survient d'un seul coup, mais parfois c'est une autre histoire, j'en sais quelque chose.

Et puis, après le grand jour et la lumière, il y a toujours la phase de dépression qui suit les grands accomplissements, où l'on minimise sa propre contribution. *Après tout, ce que tu as fait, n'importe quel crétin aurait pu le faire, maintenant trouve-toi un problème plus sérieux et fais quelque chose de ta vie.* Le cycle de la recherche mathématique...

Mais pour l'instant c'est bien dans le noir, au sens propre, que j'avance. Chemin faisant, je tire le rideau sur une journée qui a été riche en émotions. Ngô, Meyer et moi avons rencontré le président de l'Assemblée nationale, en qui nous avons reconnu un frère d'armes dès que nous avons su son passé de chercheur ; puis nous avons été acclamés par toute l'Assemblée avant la pittoresque séance de questions au gouvernement. Et dans la bibliothèque de l'Assemblée nationale, j'ai admiré un trésor indicible, un meuble construit sur mesure pour accueillir les ouvrages écrits par les scientifiques de l'expédition d'Égypte. Les Monge, Fourier et tant d'autres ont consigné dans ces volumes des résultats qui révolutionnaient la biologie, l'histoire, l'architecture, tout. La beauté des images, tracées à la main, avec du matériel réalisé sur place pour remplacer celui qui avait été perdu dans un naufrage, la majesté des vieux livres que seuls les experts sont autorisés à manipuler, tout cela m'a bouleversé et empli d'un sentiment lumineux.

Et pourtant, dans un coin de mon cerveau, un souci discret mais tenace, qui a grandi peu à peu au cours des derniers mois... Toujours pas de nouvelles d'*Acta*, toujours pas de nouvelles des referees ! Seule cette expertise indépendante, réalisée par des spécialistes dont l'anonymat sera soigneusement gardé, pourra confirmer nos résultats.

Après tous ces honneurs, que dirai-je si notre article est faux ? J'imagine que le comité Fields a fait vérifier notre amortissement Landau, vu l'enjeu, mais comme d'habitude je ne suis au courant de rien. Et si jamais un referee avait débusqué une erreur au cours du lent processus de relecture et de vérification par les tiers ? Cédric, tu es père de famille, le suicide rituel n'est pas une option.

Trêve de plaisanteries, la situation finira bien par se résoudre. Et d'ailleurs, j'arrive au bout de mon tunnel d'obscurité. Là-bas, tout au fond, une petite, petite lueur fragile, c'est la lumière du digicode. Sauvé !

Ça n'a pas de prix, cette émotion quotidienne, cette obscurité chargée de sentiments intenses, mais comme on se sent bien quand on l'a passée ! J'ouvre le lourd portail, je traverse la cour, j'entre chez moi, j'allume, je monte à l'étage et m'installe à mon bureau, je branche mon ordinateur portable et télécharge mes mails. Quoi, seulement 88 nouveaux mails dans les 12 dernières heures ? Petite journée...

Mais au milieu du flot, il y en a un qui attire tout de suite mon regard : *Acta Mathematica* ! J'ouvre fébrilement le message de Johannes Sjöstrand, l'éditeur en charge de notre article.

The news about your paper are good.

Il aurait dû écrire *is good* : "news", comme "mathematics", est singulier malgré le *s* final. Mais qu'importe. Je n'ai pas besoin de plus, je forwarde immédiatement à Clément, en ajoutant deux mots : *Gooood news.*

Cette fois, notre théorème est vraiment né.

*

265

Théorème (Mouhot, Villani, 2009) :

Soit $d \geq 1$ un entier, et $W : \mathbb{T}^d \to \mathbb{R}$ une fonction périodique paire, localement intégrable, dont la transformée de Fourier vérifie $|\widehat{W}(k)| = O(1/|k|^2)$.

Soit $f^0 = f^0(v)$ une distribution analytique $\mathbb{R}^d \to \mathbb{R}_+$, telle que

$$\sum_{n \geq 0} \frac{\lambda_0^n}{n!} \|\nabla_v^n f^0\|_{L^1(dv)} < +\infty,$$

$$\sup_{\eta \in \mathbb{R}^d} \left(|\widetilde{f^0}(\eta)| \, e^{2\pi \lambda_0 |\eta|} \right) < +\infty$$

pour un certain $\lambda_0 > 0$, où $\widetilde{f}$ désigne la transformée de Fourier de f.

On suppose que W et f^0 vérifient la condition de stabilité linéaire généralisée de Penrose : pour tout $k \in \mathbb{Z}^d \backslash \{0\}$, si l'on pose $\sigma = k/|k|$ et pour tout $u \in \mathbb{R}$, $f_\sigma(u) = \int_{u\sigma + \sigma^\perp} f^0(z) \, dz$, alors pour tout $w \in \mathbb{R}$ tel que $f'_\sigma(w) = 0$, on a

$$\widehat{W}(k) \int_{\mathbb{R}} \frac{f'_\sigma(u)}{u - w} \, du < 1.$$

On se donne un profil initial de positions et de vitesses, $f_i(x, v) \geq 0$, très proche de l'état analytique f^0, au sens où sa transformée de Fourier $\widetilde{f}$ en position et vitesse vérifie

$$\sup_{k \in \mathbb{Z}^d, \eta \in \mathbb{R}^d} \left| \widetilde{f}(k, \eta) - \widetilde{f^0}(\eta) \right| e^{2\pi \mu |k|} \, e^{2\pi \lambda |\eta|}$$

$$+ \iint \left| f_i(x, v) - f^0(v) \right| e^{2\pi \lambda |v|} \, dx \, dv \leq \varepsilon,$$

avec $\lambda, \mu > 0$, et $\varepsilon > 0$ assez petit.

Alors il existe des profils analytiques $f_{+\infty}(v)$, $f_{-\infty}(v)$ tels que la solution de l'équation de Vlasov non linéaire, avec potentiel d'interaction W et donnée initiale f_i au temps $t = 0$, vérifie

$$f(t, \cdot) \xrightarrow{t \to \pm\infty} f_{\pm\infty} \qquad faiblement$$

plus précisément au sens de la convergence simple, exponentiellement rapide, des modes de Fourier.

La vitesse de convergence de l'équation non linéaire est arbitrairement proche de la vitesse de convergence de l'équation linéarisée, à condition que $\varepsilon > 0$ soit suffisamment petit. En outre les marginales $\int f\, dv$ et $\int f\, dx$ convergent exponentiellement vite vers leur valeur d'équilibre, dans tous les espaces C^r.

Toutes les estimations apparaissant dans l'énoncé non linéaire sont constructives.

Clément Mouhot & Cédric Villani

Épilogue

Budapest, le 24 février 2011

Les quatre bouteilles sont alignées l'une après l'autre sur la petite table branlante. L'esprit embrumé par le vin haut de gamme, cuvée Villanyi, je tente de suivre Gabor dans sa description, avec force détails, des mérites comparés de ces quatre cuvées de tokay. Jeune, sec, doux, ... je ne suis pas en état de faire le choix.

Après avoir repris deux fois du goulash et de la tarte aux pommes, les enfants sont partis tout photographier dans le petit appartement, où trône un écran géant. Claire m'aide à choisir un tokay bio et sucré, la maîtresse de maison apporte un superbe cappuccino au lait délicieusement crémeux.

Gabor parle de la Hongrie, de sa jeunesse, des douze heures de mathématique hebdomadaires des petits Hongrois passionnés, des énoncés de problèmes d'Olympiades retransmis à la télévision, dont sa femme se souvient encore.

Il parle de sa langue extraordinaire, lointaine cousine du finnois, dont elle s'est séparée il y a mille ans. Une langue qui force l'auditeur à être sur le qui-vive, se demandant sans cesse si le dernier mot ne va pas bouleverser le sens qui était en train de se dessiner. Est-ce elle qui a fait de la Hongrie le plus grand pourvoyeur de savants et scientifiques de légende de la première moitié du vingtième siècle ? La patrie des Erdös, von Neumann, Féjer, Riesz, Teller, Wigner, Szilard, Lax, Lovasz, et tous les autres...

— Les juifs ont joué un rôle vital ! insiste Gabor, notre pays a été à un moment le moins antisémite de cette partie

269

du globe, les intellectuels juifs ont accouru et contribué de manière décisive à la fortune intellectuelle de ce pays. Puis le vent a tourné, ils n'étaient plus les bienvenus, et ils sont repartis, hélas...

Gabor est le découvreur du Gömböc, cette forme incroyable à l'existence de laquelle croyait Vladimir Arnold ; cette forme pleine et homogène qui n'a qu'un équilibre stable et un équilibre instable. Une forme superstable minimale, qui revient toujours à sa position d'équilibre quelle que soit la façon dont on la pose sur le sol. Comme un culbuto – mais le culbuto est lesté, alors que le Gömböc est parfaitement homogène.

À mon arrivée à Budapest, j'ai tout de suite entendu parler de cette découverte et j'ai imaginé le Gömböc exposé dans la bibliothèque de mon institut. Mais avant tout, j'ai voulu le voir, pour me convaincre qu'il existait vraiment ! Un échange de mails a suffi. Mon institut serait très honoré d'exposer votre merveilleuse découverte. Je serai très honoré que ma découverte vienne enrichir la collection de votre prestigieux institut ; je serai à votre exposé demain, rendez-vous à la maison après-demain pour déjeuner. Qu'il en soit ainsi, j'ai hâte de vous rencontrer.

— Quel bel exposé tu as fait hier à l'université, me répète Gabor au comble de l'excitation. What a talk ! *What a beautiful talk !* Que c'était beau, on aurait dit que Boltzmann était dans la salle. Parmi nous ! Hein ! Quel bel exposé !

Il prend Claire à témoin :

— La salle était surchauffée, trop petite pour l'audience, le projecteur n'arrivait pas, ton mari devait sauter par-dessus les fils qui traînaient, le tableau descendait tout seul, mais lui il s'en fichait ! Une heure et demie d'exposé ! Quelle joie !

On trinque à Boltzmann, à la fraternité entre mathématiciens de tous les pays, à mon article sur l'amortissement

Landau qui, après quelques échanges avec les referees, a été définitivement accepté hier par *Acta Mathematica*.

Le tokay sucré coule dans les gosiers, Gabor continue à parler. Il parle de son voyage au Congrès International de Mathématiques appliquées de Hambourg en 1995. Un déjeuner payant était organisé autour d'Arnold, alors il n'a pas hésité, il s'est inscrit ; pour cela il a investi la moitié de son misérable budget de voyage. Et puis tout intimidé, il n'avait même pas osé parler au grand homme !

Mais le lendemain Gabor avait recroisé par hasard son héros aux prises avec un fâcheux (j'ai déjà résolu votre problème il y a dix ans, non je n'ai pas le temps d'écouter votre démonstration), et Arnold avait saisi l'occasion pour se tirer du piège (non, vraiment pas, je suis désolé, j'ai rendez-vous avec ce monsieur que voici).

Arnold avait alors voulu en savoir plus sur cet étrange convive silencieux. « Je t'ai vu hier au déjeuner, je sais que tu viens de Hongrie et que le prix du repas est une grosse somme pour toi, alors si tu veux me dire quelque chose c'est le moment ! »

Gabor avait parlé de ses recherches et Arnold lui avait dit que ce n'était pas la bonne direction. Au cours de la discussion qui s'est ensuivie, Arnold lui avait confié sa foi dans l'existence de la Forme Stable Minimale, cette forme qui n'aurait que deux équilibres dont un seul stable.

Ces quelques minutes ont changé le destin de Gabor, qui douze années durant a traqué la fameuse forme. Gabor a collecté des milliers de galets avant de se convaincre que cette forme n'existait pas dans la nature et qu'il faudrait la créer de toutes pièces, peut-être une sphère déformée, un sphéroïde – car les sphéroïdes sont rares dans la nature.

En 2007, il le trouva enfin, avec l'aide de Peter, un de ses étudiants devenu confrère d'aventure. Une sphère subtilement déformée, du grand art. Il le baptisa Gömböc, sphéroïde en hongrois.

Le premier Gömböc était abstrait, si proche d'une sphère qu'on n'aurait pas vu la différence à l'oeil nu. Mais peu à peu ses parents réussirent à le déformer davantage, à en faire une sorte de croisement entre une balle de tennis et une pierre taillée d'homme préhistorique, et toujours la même propriété, seulement une position d'équilibre stable et une position d'équilibre instable !

C. GONDARD

Gabor me tend un énorme Gömböc en plexiglas.

— N'est-ce pas qu'il est beau ? Douze ans de recherche ! Quand ils le voient, les Chinois pensent que c'est une représentation en relief du Yin et du Yang ! Le tout premier a été offert à Arnold. Je t'en ferai envoyer un bel exemplaire en métal, numéroté 1928, comme la date de naissance de ton institut !

Encore une gorgée de tokay. Les enfants photographient les photos qui défilent sur l'écran géant ; la femme de Gabor, photographe amateur de talent, photographie les enfants. Gabor continue à parler et j'écoute son histoire, fasciné. Une histoire éternelle, une histoire de mathématique, de quêtes, de rêves et de passion.

Annexe : Traductions

p. 33 : Extrait de la nouvelle de « L'Oiseau-Soleil », par Neil Gaiman

« Répondez-moi sans détour, Crawcrustle, dit Jackie Newhouse, enflammé. Depuis combien de temps mangez-vous le Phénix ?

— Un peu plus de dix mille ans, dit Zebediah. Plus ou moins quelques milliers. Ça n'est pas difficile, une fois qu'on a compris le truc ; c'est comprendre le truc qui est difficile. Mais ce Phénix est le meilleur que j'aie jamais préparé. Ou devrais-je dire : "C'est la meilleure préparation que j'aie jamais faite de ce Phénix" ?

— Les années ! dit Virginia Boote. Le feu vous les brûle !

— C'est bien le cas, admit Zebediah. Il faut s'habituer à la chaleur avant de manger l'oiseau, toutefois. Sinon, on peut se consumer totalement.

— Pourquoi ne me suis-je pas rappelé ça ? s'interrogea Augustus DeuxPlumes McCoy, à travers les flammes vives qui l'entouraient. Pourquoi ne me suis-je pas rappelé qu'ainsi sont partis mon père et son père avant lui, que chacun d'eux est allé à Héliopolis pour manger le Phénix ? Pourquoi ne me le rappelé-je que maintenant ?

— Allons-nous brûler jusqu'à n'être plus que néant ? demanda Virginia, incandescente. Ou bien brûler jusqu'à l'enfance, puis jusqu'à l'état de fantômes et d'anges, et repartir dans l'autre sens ? Ça n'a pas d'importance. Oh, Crusty, qu'est-ce que c'est amusant ! »

(Extrait de « L'Oiseau-Soleil », par Neil Gaiman, in *Des choses fragiles*, éd. Diable-Vauvert, 2009 ; trad. Michel Pagel.)

p. 79 : DNE, le groupe de rock de l'IAS

Que se passe-t-il quand vous réunissez 200 des meilleurs savants du monde, que vous les isolez dans une résidence boisée, que vous les libérez de toutes les distractions mondaines de la vie universitaire, et que vous leur dites de faire de leur mieux ? Pas grand-chose. Certes, beaucoup de recherche de pointe se fait au célèbre Institute for Advanced Study [Institut d'études avancées] à Princeton. Du fait de la remarquable hospitalité de l'Institut, il n'y a pas de meilleur endroit pour permettre à un universitaire de se poser et de réfléchir. Pourtant, le problème, d'après de nombreux jeunes chercheurs, est que la seule chose à faire à l'Institut consiste à se poser et réfléchir. Ce serait un euphémisme d'appeler l'IAS une tour d'ivoire, car il n'y a pas d'endroit plus élevé. La plupart des institutions universitaires de classe mondiale, même les plus sérieuses, ont un endroit où un rat de bibliothèque gagné par la lassitude peut se faire servir une pinte de bière et écouter le juke-box. Mais pas l'IAS. Les anciens évoquent les jours insouciants dans les années 40 et 50, lorsque l'Institut était le point de rassemblement de l'élite intellectuelle de Princeton. John von Neumann a inventé l'informatique moderne, mais il a également la réputation d'avoir concocté maints cocktails enivrants qu'il distribuait généreusement dans des fêtes endiablées. Einstein a mis la physique sens dessus dessous, mais il savait aussi, à l'occasion, prendre son tour au violon. Prenant leurs repères sur les Anciens, les patriarches de l'Institut croyaient apparemment que les hommes devaient être complets, comme ils l'auraient dit, versés dans des activités variées, trouver un juste milieu entre le sophistiqué et le simple. Mais de nos jours l'apollinien a tellement pris le pas sur le dionysiaque à l'Institut que, selon certains membres, l'idée même de prendre du bon temps n'est plus considérée qu'en termes abstraits. En vous promenant dans l'Institut, vous pouvez croiser la route d'un Prix Nobel ou d'un médaillé Fields. Étant donné le soutien généreux de l'Institut, vous pourriez même en devenir un vous-même. Mais vous pouvez être quasiment certain que vous ne partagerez ni verre, ni éclat de rire.

p. 207 : L'invitation à un colloque du Fields Institute

```
Date:   Tue, 22 Sep 2009 16:10:51 -0400 (EDT)
From:   Robert McCann <mccann@math.toronto.edu>
To:  Cedric Villani <Cedric.VILLANI@umpa.ens-lyon.fr>
Subject:  Fields 2010
```

Cher Cedric,

L'automne prochain je suis implique dans l'organisation d'un atelier sur le theme "Probabilite geometrique et transport optimal", du 1er au 5 novembre, dans le cadre du semestre thematique du Fields sur le theme "Analyse geometrique asymptotique".

Tu seras certainement invite a l'atelier, toutes depenses prises en charge, et j'espere que tu pourras venir.

Cependant, je voulais aussi verifier s'il y avait une possibilite que tu sois interesse a sejourner a Toronto et au Fields Institute pour une plus longue periode, auquel cas nous essaierions de rendre ce projet attractif.

Merci de me dire,

Robert

p. 217 : Extrait de notes de cours

Comme $\gamma = 1$ est le cas le plus intéressant, il est tentant de croire que nous nous heurtons à une difficulté profonde. Mais c'est un piège : on peut obtenir une estimée bien plus précise en *séparant les modes* et en les estimant un par un, plutôt qu'en recherchant une estimée sur la norme entière. Précisément, si nous posons

$$\varphi_k(t) = e^{2\pi(\lambda t + \mu)|k|} |\widehat{\rho}(t, k)|,$$

alors nous obtenons un système de la forme

$$\varphi_k(t) \leq a_k(t) + \frac{c\,t}{(k+1)^{\gamma+1}}\, \varphi_{k+1}\left(\frac{kt}{k+1}\right). \qquad (7.15)$$

Supposons que $a_k(t) = O(e^{-ak}\, e^{-2\pi\lambda|k|t})$. D'abord, simplifions la dépendance en temps en posant

$$A_k(t) = a_k(t)\, e^{2\pi\lambda|k|t}, \qquad \Phi_k(t) = \varphi_k(t)\, e^{2\pi\lambda|k|t}.$$

Alors (7.15) devient

$$\Phi_k(t) \leq A_k(t) + \frac{c\,t}{(k+1)^{\gamma+1}}\, \Phi_{k+1}\left(\frac{kt}{k+1}\right). \qquad (7.16)$$

(L'exponentielle dans le dernier terme a le bon exposant car $(k+1)(kt/(k+1)) = kt$.) Maintenant, si nous parvenons à une estimée sous-exponentielle sur $\Phi_k(t)$, cela impliquera une décroissance exponentielle pour $\varphi_k(t)$.

Encore une fois, nous cherchons une série entière, supposant que A_k reste constant au cours du temps, et décroît comme e^{-ak} quand $k \to \infty$; donc nous faisons l'ansatz $\Phi_k(t) = \sum_m a_{k,m}\, t^m$ avec $a_{k,0} = e^{-ak}$. En exercice, le lecteur peut effectuer les calculs qui mènent à une estimée doublement récurrente sur les coefficients $a_{k,m}$ et déduire

$$u_{k,m} \leq \text{const.}\, A\,(k\, e^{-ak})\, k^m\, c^m\, \frac{e^{-am}}{(m!)^{\gamma+2}},$$

d'où

$$\Phi_k(t) \leq \text{const.}\, A\, e^{(1-\alpha)(ckt)^\alpha}, \qquad \forall \alpha < \frac{1}{\gamma+2}. \qquad (7.17)$$

Cela est sous-exponentiel même pour $\gamma = 1$: en fait, nous avons exploité le fait que *les échos pour des valeurs différentes de k sont asymptotiquement bien séparés en temps.*

En conclusion, du fait de la singularité de l'interaction, *on s'attend à perdre une exponentielle fractionnaire sur le taux de convergence* : si le mode k de la source décroît comme $e^{-2\pi\lambda|k|t}$, alors φ_k, le mode k de la solution, devrait décroître comme $e^{-2\pi\lambda|k|t} e^{(c|k|t)^\alpha}$. Plus généralement, si le mode k décroît comme $A(kt)$, on s'attend à ce que $\varphi_k(t)$ décroisse comme $A(kt) e^{(c|k|t)^\alpha}$. Alors on conclut comme avant en absorbant l'exponentielle fractionnaire par une exponentielle très lente, au prix d'une *énorme* constante : disons

$$e^{t^\alpha} \leq \exp\left(c\varepsilon^{-\frac{\alpha}{1-\alpha}}\right) e^{\varepsilon t}.$$

p. 221 : Extrait de mon exposé à Brown University

Coulomb/Newton (cas le plus intéressant)

Dans la preuve, l'interaction Coulomb/Newton et la régularité analytique sont **toutes deux** critiques ; mais cela marche encore sur des *temps exponentiellement grands* « parce que »

- la décroissance linéaire attendue est exponentielle
- la croissance non linéaire attendue est exponentielle
- le schéma de Newton converge bi-exponentiellement

Cependant il semble possible de faire mieux en exploitant le fait que *les échos à des fréquences spatiales différentes sont asymptotiquement assez bien séparés.*

p. 225 : La lettre de resoumission

Paris, le 6 décembre 2009

Cédric Villani
École Normale Supérieure de Lyon
& Institut Henri Poincaré
11 rue Pierre & Marie Curie
F-75005 Paris, FRANCE
`cvillani@umpa.ens-lyon.fr`

À Johannes Sjöstrand
*Éditeur d'*Acta Mathematica
IMB, Université de Bourgogne
9, Av. A. Savarcy, BP 47870
F-21078 Dijon, FRANCE

`johannes.sjostrand@u-bourgogne.fr`

Resoumission à *Acta Mathematica*

Cher Professeur Sjöstrand,

Suite à votre lettre du 23 octobre dernier, nous sommes heureux de soumettre une nouvelle version de notre manuscrit, Amortissement Landau, *pour publication éventuelle dans* Acta Mathematica.

Nous avons bien pris note des réserves exprimées par certains des experts dans les rapports préliminaires sur notre première soumission. Nous pensons que ces réserves ont été parfaitement prises en compte dans la version actuelle, notablement améliorée.

Tout d'abord, et c'est peut-être le plus important, le résultat principal couvre maintenant les potentiels de Coulomb et Newton ; dans un cadre analytique c'était la seule zone d'ombre qui restait dans notre analyse.

L'analyticité est une hypothèse classsique dans l'étude de l'amortissement Landau, aussi bien en physique qu'en mathématique ; elle est indispensable à la convergence exponentielle. Cependant, elle est très rigide, et l'un des experts s'est plaint que nos résultats ne pouvaient se passer de l'analyticité. Avec cette nouvelle version ce n'est plus le cas, puisque nous sommes maintenant en mesure d'inclure certaines classes de données Gevrey.

279

Dans la première version, nous écrivions : « nous affirmons que, à moins d'identifier un nouveau facteur de stabilité, il n'y a pas de raison de croire en l'amortissement Landau non linéaire pour, disons, l'interaction gravitationnelle, dans une classe de régularité plus basse qu'analytique. » Depuis lors nous avons justement identifié un tel facteur (les échos qui se produisent à des fréquences différentes sont asymptotiquement bien séparés). Son exploitation a mené aux améliorations mentionnées ci-dessus.

En corollaire, notre travail inclut maintenant de nouveaux résultats de stabilité pour des équilibres homogènes de l'équation de Vlasov–Poisson, comme la stabilité de certaines fonctions de distribution non monotones dans le cas répulsif (un problème ouvert de longue date), et la stabilité en deçà de la longueur de Jeans dans le cas attractif.

Une autre réserve exprimée par un expert était notre utilisation d'espaces fonctionnels non conventionnels. C'est peut-être le cas pour notre « norme de travail », mais cela ne l'est pas pour la norme naïve présente dans nos hypothèses et conclusions, déjà utilisée par d'autres chercheurs. Le passage d'une norme à l'autre se fait par le Théorème 4.20.

L'article a été entièrement réécrit pour incorporer ces améliorations, et vérifié avec soin. Pour éviter une nouvelle augmentation de la longueur, nous avons supprimé tous les développements et commentaires qui n'étaient pas strictement liés à notre résultat principal ; la plupart des remarques restantes sont seulement destinées à expliquer les résultats et méthodes.

Un commentaire final concernant la longueur de notre travail : nous sommes prêts à discuter d'éventuels ajustements dans l'organisation de l'article, et nous notons que la présentation modulaire des outils utilisés dans notre manuscrit ouvre la porte à un travail en équipe des experts chargés de la vérification, ce qui devrait alléger leur tâche.

Nous espérons vivement que cet article satisfera les experts et restons

Sincèrement vôtres,

Clément Mouhot & Cédric Villani

p. 259 : Les tygres de Frisch

Phénomène du Tygre pour les équations de Burgers et Euler tronquées (1h00') par Uriel Frisch

On montre que les solutions d'équations hydrodynamiques incompressibles, après suppression des modes de Fourier dont les fréquences sont au-delà d'un seuil k_g, possèdent des propriétés inattendues. On réalise cette étude à la fois pour l'équation de Burgers monodimensionnelle et pour l'équation d'Euler bidimensionnelle. Pour de grands k_g, pour des conditions initiales lisses, le premier symptôme de la troncature, une oscillation localisée de courte longueur d'onde, que nous appelons un « tygre », est provoquée par une interaction résonante entre le mouvement des particules fluides et les ondes de troncature engendrées par les caractéristiques à petite échelle (chocs, couches limites à forts gradients de vorticité, etc.). Ces tygres apparaissent quand des singularités dans le plan complexe s'approchent de la droite réelle à moins d'une longueur d'onde de Galerkin $\lambda_g = 2\pi/k_g$, et se produisent typiquement loin des structures à petite échelle préexistantes, aux positions où la vitesse s'accorde avec ces structures. Les tygres sont faibles et tout d'abord fortement localisés – dans le cas de Burgers, au moment de l'apparition du premier choc, leurs amplitudes et largeurs sont proportionnelles à $k_g^{-2/3}$ et $k_g^{-1/3}$ respectivement –, mais croissent et finissent par envahir le flot entier. Ce sont donc les premières manifestations d'une thermalisation prédite par T.D. Lee en 1952. La brusque anomalie dissipative – la présence d'une dissipation finie dans la limite de viscosité évanescente après un temps fini –, qui est bien connue pour l'équation de Burgers et parfois conjecturée pour l'équation d'Euler 3D, a une contrepartie en présence d'une troncature : la capacité des tygres à emmagasiner une quantité finie d'énergie dans la limite $k_g \to \infty$. Cela mène à des contraintes de Reynolds agissant à des échelles plus grandes que la longueur d'onde de Galerkin, et empêche le flot de converger vers la solution limite incompressible. D'après certains indices, il serait possible d'expurger les tygres et donc de retrouver le comportement correct dans la limite non visqueuse.

*

p. 260 : « Le Tygre » de William Blake

Bien que ce célèbre poème soit essentiellement intraduisible, on en trouvera facilement de nombreuses tentatives de traduction en français, sous forme papier ou sous forme électronique ; aucune ne m'a paru satisfaisante, et je ne peux qu'encourager le lecteur à s'efforcer d'apprécier la version originale. De nombreuses exégèses sont disponibles, ainsi que plusieurs variantes subtilement différentes dues aux hésitations de l'auteur et de ses éditeurs. J'ai ici repris le texte d'origine et (comme Blake l'avait expérimenté dans l'un de ses manuscrits) supprimé la ponctuation, qui elle-même subit d'importantes variations d'une édition à l'autre.

Composé par e-press
Casablanca – Maroc

*Cet ouvrage a été imprimé
par Normandie Roto Impression s.a s.
pour le compte des Éditions Grasset
en septembre 2012*

PAPIER À BASE DE FIBRES CERTIFIÉES

Grasset s'engage pour l'environnement en réduisant l'empreinte carbone de ses livres. Celle de cet exemplaire est de :
1 kg éq. CO$_2$
Rendez-vous sur www.grasset-durable.fr

Première édition, dépôt légal : août 2012
Nouveau tirage, dépôt légal : septembre 2012
N° d'édition : 17389 – N° d'impression : 123543
Imprimé en France